Lesehefte für den Literaturunterricht

In erster Folge herausgegeben von:
Klaus Göbel und Wolfgang Schemme
in Verbindung mit
Dagmar Grenz, Reiner Friedrichs und Rainer Siegle

Stefan Zweig
Robert Scott
Wolfgang Weyrauch

Der Kampf
um den
Südpol

mit Materialien
zusammengestellt von Jürgen Wolff

Ernst Klett Schulbuchverlag Leipzig
Leipzig Stuttgart Düsseldorf

[…] bezeichnen Kürzungen innerhalb des Kapitels.
* Von dem Bearbeiter eingesetzte Überschriften.

2. Auflage   A2   27 26 25 24 | 2024 2023 2022 2021

Alle Drucke dieser Auflage können im Unterricht nebeneinander benutzt
werden, sie sind untereinander unverändert. Die letzte Zahl bezeichnet das
Jahr dieses Druckes.
Textabdrucke aus Stefan Zweig, Sternstunden der Menschheit (Der Kampf
um den Südpol), © Bermann-Fischer Verlag A. B. Stockholm 1943. Mit
Genehmigung der S. Fischer Verlag GmbH, Frankfurt am Main 1950;
Robert F. Scott, Letzte Fahrt (gekürzt), © F. A. Brockhaus, Wiesbaden
1973; Wolfgang Weyrauch, Das grüne Zelt. Mit Genehmigung des Autors.
Materialien und Karten auf Umschlagseite 2 und S. 158: © Ernst Klett
Verlag GmbH, Stuttgart 1981. Internetadresse: http://www.klett-verlag.de.
Alle Rechte vorbehalten.
Übersetzungen aus der englischen Presse: Klaus Leihenseder, Stuttgart.
Übersetzungen aus der norwegischen Presse: Siegfried Honsek, Leinzell.
Umschlag: Manfred Muraro.
Druck: Plump Druck und Medien GmbH, Rheinbreitbach
ISBN: 3-12-260840-5

Inhalt

Einleitung		4
I.	**Die beiden Entdecker Amundsen und Scott**	6
1.	Die Porträts von Amundsen und Scott	6
2.	Kindheit und Jugend	8
2.1	Nur eine Durchschnittserscheinung?	8
2.2	Wie geschah es, dass ich Entdecker wurde?	9
3.	Die beiden „Helden" in einer ersten Bewährung	12
3.1	Erster missglückter Vorstoß zum Südpol (Amundsen)	12
3.2	In der Gletscherspalte (Scott)	18
4.	Kåre Holt: Erfundenes Gespräch zwischen Scott und Amundsen	24
II.	**Die Eroberung des Südpols in unterschiedlichen Darstellungen**	32
1.	Historische Miniatur, Tagebuch und Bericht: Auf dem Weg zum Pol	32
1.1	Stefan Zweig: „Der Kampf um den Südpol" – Miniatur –	32
1.2	Kapitän Scott: „Letzte Fahrt" – Tagebuch	33
1.3	R. Amundsen: „Die Eroberung des Südpols" – Bericht	90
2.	Hörspiel und Bericht: Die letzten Tage von Scott	100
2.1	Wolfgang Weyrauch: „Das grüne Zelt" – Hörspiel –	100
2.2	Edw. Atkinson: Auf der Suche nach den Verschollenen	124
III.	**Scott ein Held? Unterschiedliche Reaktionen auf das Scheitern seiner Expedition**	132
1.	Captain Scotts letzte Botschaft (Daily Mirror)	132
2.	Nationale Ehrung der Toten (Times)	135
3.	„Captain Scotts Bitte wird nicht auf taube Ohren stoßen"	136
4.	Scott und Amundsen (Aftenposten)	138
5.	Was geschah am Südpol? (Leipz. Neueste Nachrichten)	139
6.	Die Forschungsergebnisse der Scott'schen Expedition	143
7.	„Wir werden sterben wie Gentlemen" (Der Spiegel)	145
IV.	**Informationen über die Antarktis und ihre Erforschung**	151
1.	Lexikonartikel zur Antarktis	151
2.	Daten zur Antarktis-Forschung	153
3.	Biografische Daten zu Robert Falcon Scott	155
4.	Biografische Daten zu Roald Amundsen	156
5.	Die Routen von Scott und Amundsen zum Südpol	158
V.	**Lektüre-Empfehlungen**	159
VI.	**Bildquellenverzeichnis**	161

Einleitung

Der Kampf um den Südpol und das tragische Scheitern der Scott-Expedition hat nicht nur die Zeitgenossen bewegt, sondern hat auch später immer wieder Dichter angeregt, diesen interessanten Stoff literarisch zu bearbeiten. Aus einer großen Anzahl von Texten zu dem Themenkreis ‚Kampf um den Südpol' stellt dieses Leseheft einige wichtige Texte zusammen, die auf besonders interessante und spannende Weise Scotts Scheitern am Südpol darstellen.

Sinnvollerweise wird man von einem der zentralen literarischen Texte ausgehen, entweder von dem erzählenden Text Zweigs oder von Weyrauchs Hörspiel ‚Das grüne Zelt'. Da Zweig die Ereignisse in genauer zeitlicher Abfolge schildert, lag es nahe, diesem Text unmittelbar Ausschnitte aus Scotts Tagebuch zuzuordnen. Auf diese Weise wird auch deutlich, wie Zweig mit seiner Vorlage umgegangen ist und wie er sie dichterisch verarbeitet hat. An diese Texte schließt sich zunächst ein Ausschnitt aus Amundsens Forschungsbericht an. Aus ihm wird – allerdings aus einer gewissen zeitlichen Distanz zu dem Ereignis – deutlich, wie ganz anders Amundsen die Eroberung des Südpols erlebt hat.

Das Hörspiel Weyrauchs, das sich einerseits mit den letzten Tagen Scotts befasst, andererseits mit der Suchmannschaft Atkinsons, die Scott zu Hilfe geeilt ist, könnte dagegen auf die letzten Seiten von Scotts Tagebuch (Der Rückmarsch vom Pol) und auf Atkinsons Bericht bezogen werden.

Dem Kapitel II, das im Zentrum dieses Leseheftes steht, wird ein Kapitel vorangestellt, in welchem die „Helden" der Antarktis erst einmal vorgestellt werden. Will man nicht sofort mit einem der großen literarischen Texte in unser Thema einsteigen, so könnte man mit einer genauen Analyse der Porträts von Scott und Amundsen beginnen. Sagen vielleicht schon diese Porträts etwas über den Charakter der beiden Männer aus? Als interessant könnte sich auch der Versuch erweisen, die beiden Porträts mit den Aussagen der folgenden Texte, die unsere „Helden" als

Jugendliche porträtieren, in Verbindung zu bringen. Hierbei könnte man sich fragen, ob das Verhalten der Jugendlichen sich in den Porträts der Erwachsenen spiegelt.

Es folgen dann zwei Ausschnitte aus dem spannend geschriebenen Roman von Holt, aus denen deutlich wird, wie sich die beiden „Helden" in schwierigen Situationen verhalten haben. Nimmt man dazu noch den erfundenen Dialog zwischen Amundsen und Scott, der durchaus so hätte stattfinden können, so entsteht ein erster Einblick in die unterschiedlichen Charaktere von Scott und Amundsen.

Auf das Scheitern der Südpolarexpedition Scotts hat die Presse sehr unterschiedlich reagiert. Anhand der ausgewählten Zeitungsausschnitte kann die Frage gestellt werden, wo jeweils der Schwerpunkt der Berichterstattung lag. Ergänzt wird die Presseberichterstattung durch die Besprechung einer neueren Veröffentlichung, die sich sehr kritisch mit Scotts Expedition auseinander setzt. Rückblickend könnte dieser Text zu einer Diskussion darüber anregen, ob Scott tatsächlich so uneingeschränkt als Held gefeiert werden kann, wie dies in der britischen Presse geschah.

Das letzte Kapitel stellt verschiedene Daten bereit zu Scott, zu Amundsen, zur Antarktis und zur Antarktisforschung, ergänzt durch eine Karte mit den Routen Scotts und Amundsens zum Südpol. Diese Daten dienen zur allgemeinen Orientierung und können so auch das Textverständnis erleichtern.

Das Bildmaterial dieses Leseheftes steht jeweils in einem engen Bezug zu den Texten und sollte bei einer genaueren Beschäftigung mit den Texten jeweils herangezogen werden.

Wer von den Texten angeregt wurde, sich weiterhin mit der Antarktisforschung zu beschäftigen, sei es in Form eines spannenden Romans oder auch eines interessanten Sachbuchs, der findet am Schluss dieses Heftes weitere Anregungen für die Lektüre. Vielleicht regt dieses Heft auch dazu an, die Texte, die nicht zum Gegenstand des Unterrichts gemacht wurden, sich selbst lesend zu erarbeiten.

I. Die beiden Entdecker

1. Die Porträts von

Roald Amundsen

Amundsen und Scott

Amundsen und Scott

Robert Falcon Scott

2. Kindheit und Jugend

2.1 Nur eine Durchschnittserscheinung?*

Als Kind, wie wohl auch im späteren Leben, war er eigentlich immer ein Träumer. [...] Zunächst hatte der Knabe wenig Heldenhaftes an sich. Er konnte kein Blut sehen; bis er erwachsen war, wurde ihm in solchen Fällen übel. Von dem Plan, die Marinelaufbahn einzuschlagen, riet der Hausarzt zunächst ab; er meinte, der Junge werde nie eine kräftige Brust und breite Schultern bekommen. Er hatte jedoch, wie Nelson, auch andere Wesenszüge. Er schnitt sich als Siebenjähriger mit seinem ersten Federmesser absichtlich tief in den Finger, vergrub die Hand in der Tasche und tat, als ob nichts geschehen sei – ohne Wehleidigkeit und ungeachtet seines Ekels vor Blut. Als Achtjähriger ernannte er sich selbst zum ‚Admiral‘, der seinen Bruder und die Schwester auf kleinen, kindlichen Streifzügen anführte. Einmal gelang es ihm, mit Hilfe einer Schießpulverladung ein Brett (für ihn ein Schlachtschiff ...) auf dem Dorfbach in die Luft zu sprengen.

Er besaß Selbstbeherrschung, war nicht leicht zu durchschauen und schon damals eine Führernatur; doch deutete nichts darauf hin, dass er einmal Ruhm ernten würde. Niemand erkannte in ihm diese Möglichkeit. [...]

Als Zwanzigjähriger fährt er auf einem Passagierschiff, das in einen schweren Sturm gerät. Ein Augenzeuge berichtet über seinen Einsatz:

„Damals bemerkte ich, dass er kein normaler Sterblicher war. Obwohl zu jener Zeit fast noch ein Knabe, übernahm er das Kommando über die Passagiere. [...] Mit einer kleinen Gruppe Freiwilliger [...] half er den Müttern beim Ankleiden, wusch die Kinder, fütterte die Säuglinge, schrubbte die Gänge und betreute die Seekranken. [...] An Deck schlichtete er Streitigkeiten und stellte kraft seiner Persönlichkeit oder, wenn nötig, mit Hilfe seiner Fäuste die Ordnung wieder her."

Den 34-Jährigen schilderte der Biograf wie folgt:

Sein Ausdruck war entschlossen, ernst, ja feierlich – vielleicht etwas kühl und selbstherrlich; nur die leichte Stupsnase und das gelegentliche Leuchten in seinen Augen ließen auf so etwas wie verborgenen Leichtsinn schließen. Er konnte charmant sein und gewinnend lächeln, trotzdem zeigte er oft die Miene des einsamen, wenn nicht gar melancholischen Grüblers. Sein Mund mit den gewölbten Lippen hatte einen sinnlichen, genießerischen Zug, doch hatte er früh gelernt sich zu beherrschen; sogar sein stets leicht aufbrausendes Temperament wusste er jetzt fast immer zu zügeln. Nur seine Träumerei, eine seltsame Geistesabwesenheit, machte ihm noch manchmal zu schaffen. Er bemühte sich, den Eindruck zu erwecken – und glaubte vielleicht selbst daran –, dass er ein genügend energischer Marineoffizier sei, der sich seinen Pflichten widmete und Anschauungen vertrat, die seiner Stellung entsprachen; doch man spürte, dass, gewaltsam unterdrückt, hinter und in dieser Durchschnittserscheinung eine andere, viel kompliziertere und empfindsamere Persönlichkeit schlummerte.

Peter Brent, Captain Scott. Die Tragödie in der Antarktis. Wiesbaden: Brockhaus 1977, S. 12, 16, 40 ff.

2.2 Wie geschah es, dass ich Entdecker wurde?*

Nun, es „geschah" gar nicht, da meine Karriere seit meinem fünfzehnten Jahre ein ständiges Vorwärtsschreiten auf ein bestimmtes Ziel war. Was mir jemals an Entdeckungen gelang, war das Ergebnis lebenslanger Planung, sorgfältigster Vorbereitung und härtester, bewusster Arbeit.

Ich wurde einige Meilen südlich von […] geboren, […] wo ich erzogen wurde. Ohne Zwischenfälle absolvierte ich die gewöhnlichen […] Schulen: Elementarschule von sechs bis neun Jahren, Gymnasium von neun bis fünfzehn und College von fünfzehn bis achtzehn. Mein Vater starb, als ich vierzehn war, und meine älteren Brüder gingen in die Welt hinaus. […] Ich war daher mit meiner Mutter allein daheim geblieben. Sie wünschte, dass ich mich für einen Kurs in praktischer Medizin vorbereitete. Das war die Ambition meiner Mutter und ich teilte sie keineswegs – daher verwirklichte sie sich auch nicht. Als ich fünfzehn Jahre alt war, fielen mir die Werke Sir John Franklins (1786–1847, einer der berühmtesten Polarforscher), des großen britischen Entdeckers, in die Hände. Ich las sie mit einer glühenden Faszination, die den ganzen Ablauf meines Lebens bestimmte. [...] Seine Beschreibung der Rückkehr von einer seiner Expeditionen erregte mich wie nichts, was ich je gelesen hatte. Er erzählte, wie er und seine kleine Gruppe von Gefährten drei Wochen lang mit Eis und Stürmen gekämpft hatten [...] und schließlich, bevor sie [...] zurückkehrten, ihr eigenes Sohlenleder verzehrten, um am Leben zu bleiben.

Seltsam genug – was mich an Sir Johns Bericht am meisten anzog, waren die Entbehrungen, die er und seine Leute erlitten.

Eine sonderbare Sehnsucht brannte in mir, dieselben Leiden zu erdulden. [...] Auch ich würde für eine große Sache leiden – nicht in der glühenden Wüste auf dem Weg nach Jerusalem (wie die Kreuzfahrer), sondern im gefrorenen Norden, auf meinem Weg zu neuem Wissen in das jungfräuliche Unbekannte. [...]

Ich begann mich sofort für diese Karriere tauglich zu machen. [...] Die einzigen Sportarten waren (damals) Fußball und Skilaufen. Obwohl ich Fußball nicht mochte, spielte ich es doch – als Teil meines Trainings für das Ertragen körperlicher Strapazen. Aber Skilaufen betrieb ich ganz naturgemäß und mit größter Begeisterung. [...] Zu dieser Zeit wurden alle Häuser im Winter fest verschlossen, daher wurde ich als Neuerer und närrischer Fex angesehen, weil ich darauf bestand, selbst im kältesten Wetter die Fenster meines Schlafzimmers weit offen zu halten.

Mit achtzehn machte ich die Abschlussprüfung im College und ging auf die Universität, um Medizin zu studieren, wie meine Mutter es geplant hatte. Wie alle Mütter, glaubte auch die meine, ich wäre ein Vorbild allen Fleißes, aber ich war weniger als ein gleichgültiger Student.

Er verlässt, zwei Jahre später, nach dem Tode der Mutter aufatmend die Hochschule und will seinen Militärdienst absolvieren, hat aber Angst nicht genommen zu werden, da er kurzsichtig ist, und so das militärische Training einzubüßen.

Der Prüfer saß mit zwei Assistenten hinter einem Tische. Er war ein ältlicher Arzt und, wie ich zu meinem äußerst peinlichen Unbehagen bald herausfand, ein enthusiastischer Erforscher des menschlichen Körpers. Der alte Doktor musterte mich und brach sofort in laute Lobeserhebungen über meinen Körperbau aus. Offenkundig waren meine acht Jahre bewussten Trainings nicht ohne Resultat geblieben. Er sagte zu mir: „Junger Mann, wie haben Sie nur, um alles in der Welt, solche prachtvollen Muskeln bekommen?" [...] Er war so entzückt über seine Entdeckung, [...] dass er eine Gruppe Offiziere aus dem Nebenzimmer rief, um die Sensation zu betrachten. [...]

(Der) Militärdienst [...] beschränkte sich auf nur einige Wochen im Jahr und so hatte ich eine Menge Zeit, mein eigenes Training für meine zukünftige Laufbahn als Entdecker fortzusetzen. Ein Vorfall* bei diesem Training schrieb auf ein Haar „Finis" unter mein Leben; es gab hiebei ebensolche Gefahren und körperliche Anstrengungen wie jene, die mir später in der Arktis begegnen sollten.

Roald Amundsen, Mein Leben als Entdecker. Wien: E. T. Tal & Co. 1929, S. 3 f.

---

* Hier handelt es sich um eine gewagte Durchquerung eines unbewohnten, kaum zugänglichen Hochplateaus, die er im Winter mit Freunden wagte.

3. Die beiden „Helden" in einer ersten Bewährung

3.1 Erster missglückter Vorstoß zum Südpol (Amundsen)

An diesem Tag frieren die Kompasse ein. Zuerst beginnt die Nadel von Amundsens Kompass hängen zu bleiben. Sie will sich nicht zurückdrehen. Gleich danach ruft Wisting: „Mein Kompass ist eingefroren!" Da wissen sie, dass sie ohne Hilfsmittel in einem unbekannten Land vorwärtskommen müssen.

Noch haben sie die Möglichkeit, das Depot auf dem 80. Breitengrad zu finden, das sie im vergangenen Herbst angelegt hatten. Dort können sie die Schlitten abladen und an ihren eigenen Spuren zurück nach „Framheim" gehen. Aber nur einer kann diese Entscheidung treffen.

Amundsen gibt seinen Befehl, kurz, scharf: „Wenn wir das Depot gefunden haben, drehen wir sofort um." Am Abend im Zelt holt er eine Flasche Genever hervor. Sonst hat er nie Alkohol auf den Touren erlaubt. Der Genever ist gefroren. Die Flasche zerspringt, als sie versuchen sie aufzutauen. Amundsen sammelt die Glasscherben ein, ohne zu verraten, wie deprimiert er ist – und wirft den gefrorenen Genever aus dem Zelt. [...]

Es hat minus fünfundfünfzig Grad. Am Tag danach finden sie das Depot und laden die Schlitten ab. Der Rückmarsch kann beginnen.

Amundsen weiß, es ist seine Schuld, dass sie zu früh aufgebrochen sind. Aber er hat nicht die Größe, das einzubekennen.

[...]

Danach beginnen die Uhren einzufrieren, als Erste die Uhr Johansens, obwohl sie in Wolle verpackt ist, zwischen dem Rentierfellwams und der Unterwäsche. Er holt sie mit klammen Fingern heraus, hebt sie im schwindenden Licht über dem Plateau hoch, ein paar Sterne stehen am Himmel, ein schwacher Hoffnungsstrahl geht von ihnen aus. Johansen schüttelt die Uhr. Sie ist eingefroren.

Da ruft er in seiner Not – und die anderen antworten, ein

Mann nach dem anderen. Alle acht haben ihre Uhren herausgeholt, die Fausthandschuhe abgestreift, dem Wind den Rücken gekehrt. Die Uhren sind eingefroren. Jetzt steht die Zeit still. […]

Da heulen die Hunde. Einer der Männer schreit. Er ist von Nebel eingehüllt und dann kracht es plötzlich rings um ihn, während der Boden unter seinen Füßen einen halben Meter tiefer sinkt.

Es hat jetzt minus sechzig Grad. Solange sie nur an Wangen und Nase Erfrierungen bekommen, ist das kein Hindernis für die Fortbewegung. Wovor ihnen sterbensbang ist, das sind Erfrierungen an den Füßen. Gehen die Zehen drauf, ist es schlimm. Geht eine Ferse drauf, ist es für den Skiläufer außerordentlich schwierig, voranzukommen.

Einer von Prestruds Hunden fällt tot um. Er stürzt zu Boden, bleibt liegen und ist kalt, bevor der Mann hinter dem Schlitten bei ihm ist und die Gurte löst. […] Aber als er das Gespann anhält, rollt sich ein Hund nach dem anderen zusammen. Die meisten winseln, sie stecken die Schnauze in den Schnee und können nicht mehr.

Sie müssen Prestruds Gespann auflösen, ein paar Hunde dürfen hintennach trotten; gelingt es ihnen, mitzukommen, können sie noch gerettet werden. Wenn nicht, wird die Dunkelheit und die große Weiße, die Stille, die Todeskälte hier auf der Barriere sie für immer behalten. Prestrud geht auf Skiern hinter Hjalmar Johansens Gespann. Die beiden sind die letzten des Trupps.

Es ist jetzt Tag, eine Lichthaube hängt über ihnen. Aber die Uhren stehen und die Männer können sich nur auf ihre eigenen Spuren verlassen. Wird die Spur zugeweht, sind sie verloren. Die Kompassnadeln sind von der Kälte festgeklebt und lassen sich nicht bewegen.

Auch Amundsens Gespann ist jetzt aufgelöst. Da geschieht etwas, das er später zu verheimlichen suchte und das erst viele Jahre später bekannt wurde, als man Hjalmar Johansens Tagebücher nach einem halben Menschenalter in einem Hotelkeller in Christiania fand. Da kam die Wahrheit über Amundsens Flucht an den Tag. […]

Amundsen bricht aus. Er sitzt auf Wistings Schlitten, mit den tüchtigsten Hunden im Gespann. Plötzlich beschleunigen sie das Tempo. Das nächste Gespann versucht zu folgen, bleibt aber bald zurück. Im Lauf einer halben Stunde hat sich das Gefolge im Frostnebel aufgelöst. Zwischen den Gespannen gibt es keinen Kontakt mehr.

Amundsen bleibt verschwunden. Der Kapitän hat das sinkende Schiff verlassen.

Hat er in Panik gehandelt – was aber sein Tun nicht entschuldigt – oder, noch schlimmer, hat er sich von der Feststellung leiten lassen, dass jetzt alles auf dem Spiel steht und nur die Stärkeren überleben werden?

Die Überlebenden sollen um den Pol kämpfen und ihn vor Scott zu erreichen suchen.

Mit seinem eiskalten Verstand hat er vielleicht klarer als die anderen erkannt, worin die Aufgabe eigentlich bestand – aber er kann auch Angst gehabt haben.

Diese Annahme dürfte am ehesten zutreffen, denn Amundsen hat später jede Angst geleugnet. Sein ganzes Verhältnis zu Männern, das der Welt zugewandte Gesicht, die Glorie um den großen Mann verlangt das. Aber er kann nicht eigentlich Angst vor dem Tod gehabt haben, auch wenn die Furcht vor dem langsamen Kältetod ihn mehr erschreckt haben muss als der Gedanke an einen plötzlichen, jähen, vielleicht einen gewollten Tod. Er hat Angst davor gehabt, unter eben diesen Umständen zu sterben – während der Rückkehr, mitten in der Niederlage, ehe ihm noch die Möglichkeit gegeben wurde, einen neuen Versuch zu unternehmen. Die Angst hat ihn gepackt. Er flüchtet. […]

Amundsen kehrte unbeschadet zum Ausgangspunkt zurück. In einigem zeitlichen Abstand folgten dann auch seine Kameraden – einige von ihnen hatten sich schwere Erfrierungen zugezogen.

Am Frühstückstisch bricht der Streit los. Die Männer sitzen Schulter an Schulter, ein Wollpullover reibt sich knisternd am anderen, sie schlürfen heißen Kaffee und ärgern sich über die Geräusche, die der andere mit seiner Tasse macht. Die meisten haben in der Nacht wenig geschlafen, manche überhaupt nicht.

Johansen hat Amundsen nicht gegrüßt. Plötzlich wendet er sich ihm zu. Die beiden fixieren einander lange. Amundsen zittert vor Unruhe, dann stellt er die Tasse hart auf den Tisch und sagt: „Womit habt ihr heute Nacht die Zeit vertrödelt?" Schweigen. Hundegeheul. Der Mann, an den die Frage gerichtet ist, lässt sich Zeit, ehe er antwortet. Jetzt sind die Blicke aller auf ihn gerichtet.

Johansen aber starrt Amundsen an. […]

„Das war", sagt Johansen, „eine merkwürdige Art zu reisen, bei sechzig Grad Kälte …"

Da fährt Amundsen auf, der Hocker fällt polternd um, sie sehen, wie seine Hand nach der Tasse greift, als wolle er sie wegschleudern, aber er findet sie nicht.

Johansen wiederholt: „Das war eine merkwürdige Art zu reisen. Für Prestrud und mich ist es um Leben und Tod gegangen. Ich verlange eine Erklärung."

Johansen ist kein schlechter Menschenkenner und Jahre im Eis haben seinen Verstand geschärft. Aber in einem Punkt hat er die Aufgabe nicht bewältigt. Er kennt Amundsens Ehrgeiz, den Unwillen, den er bei der Begegnung mit Ebenbürtigen empfindet, erfasst aber nicht, wie krankhaft seine Selbsteinschätzung ist.

Johansens Worte treffen, sitzen wie Pfeile im Fleisch: „Ein solches Verhalten ist eines Expeditionsleiters unwürdig."

Da ruft Prestrud: „Mir tut das Bein weh!"

Dieses Ablenkungsmanöver kommt zu spät, kann nicht verhindern, was nun geschieht. Möglicherweise wurde Johansens Schicksal dadurch besiegelt, dass Prestrud nicht rechtzeitig eingriff. Sie sehen Amundsen erbleichen. Er wirkt älter als er ist. Er hat grobe Arbeitshände und Fett in den Furchen der Haut, er ist unrasiert, seine Augen sind von der Kälte der Fahrt nach Süden rot gerändert. Sein Profil könnte eine ganze Räuberschar schrecken. Johansen schreckt es nicht.

Er steht auf. „Ich wiederhole, ein solches Verhalten ist eines Expeditionsleiters unwürdig."

Dann flucht Johansen. [...]

Amundsen beginnt zu stottern. Das haben sie nie vorher
5 erlebt. Er speit vulgäre Worte, von denen keiner geahnt hätte, dass er sie über die Lippen bringen könnte. Amundsen ist prüde. Wenn die anderen gewagte Geschichten erzählen, muss er sich zum Lachen zwingen. Seine eigenen Beiträge in einer solchen Situation sind trocken wie Wüstensand.
10 Jetzt steht er da und spuckt Worte, die ihm niemand zugetraut hätte.

Johansen kann nicht mehr zurück. Er beginnt langsam zu erklären, erinnert daran, dass Prestrud und er zurückblieben, die Hunde tot umfielen. „Wo seid ihr anderen
15 gewesen? Wir hatten kein Zelt. Wir hatten keinen Petroleumkocher. Es ist um Leben und Tod gegangen. Prestrud hat sich beide Fersen erfroren. Ich verlange eine Erklärung."

Prestrud ruft: „Ich hab mir beide Fersen erfroren!"
20 Amundsen schreit: „Auch Stubberud und Hassel haben sich die Fersen erfroren. Oder nicht?"

„Ja! Ja!"

Die Männer wissen, dass er die Wahrheit sagt, aber sie wissen auch, dass er lügt. Jetzt, da ein ehrliches Wort mehr
25 als je zuvor ein Beweis für seine Menschlichkeit und seine Führungsqualitäten hätte sein können, weicht er der Wahrheit aus und zieht es vor, eine halbe Wahrheit auszusprechen, die eine Lüge ist. Hassel und Stubberud haben sich die Füße erfroren. Aber hat Amundsen sich die Füße erfroren? Warum war er der Erste, der heimwärts jagte?
30 [...]

Dann trennen sie sich. Draußen tobt der Schneesturm. In der Hütte ist wenig Platz. Alle ahnen, dass die kommenden Stunden für das weitere Geschehen entscheidend sein können. Lass jeden Mann seinen einsamen Platz aufsuchen: in
35 einem Hundezelt, in einer Eisgrube unter „Framheim", im Winkel einer schmutzigen Küche. Keiner darf die anderen stören.

Amundsen findet seine Art von Einsamkeit: eine kleine Kammer im Eis, wo sie nie lange sitzen, auf Grund der Kälte geruchfrei, der Sitz ist mit Seehundfell belegt. Andere, die kommen, sehen, dass besetzt ist, und gehen. Er bleibt lange dort.

Jetzt kann er in Ruhe das Geschehene durchdenken. Angst hat er nicht – oder doch? Er hat Angst davor, sich selbst zu entlarven, aber den Mut, den Willen und die Fähigkeit, das zu verhindern. Einem Mann gegenüber nachzugeben, der seine Größe in Zweifel zieht, ist etwas, das er nicht gelernt hat. Die Kunst der Taktik beherrscht er instinktiv: Halbe Wahrheiten zu erzählen, ist Teil seines Wesens. Es gibt jetzt zwei Wege, die er einschlagen kann. Eine großzügige Seele hätte einen anderen wählen können. Er wählt in all seiner Beengtheit – und tut es mit Meisterschaft.

Mittag.

Es ist jetzt mehr Platz am Tisch. Die drei Männer mit den erfrorenen Füßen, Hassel, Stubberud und Prestrud, liegen mit großen Schmerzen im Bett. Das Essen wird ihnen gebracht. Es gibt Erbsensuppe und Seehundsteak.

Amundsen räuspert sich.

Das ist der Augenblick: Er ist der Leiter der Expedition und muss eingreifen. Alle legen Messer und Gabel hin. Acht Gesichter wenden sich ihm zu.

Amundsen sagt: „Ich habe meine Meinung geändert."

Das haben sie nicht von ihm erwartet. Die Meinung ändern, das muss bedeuten, dass er seine eigenen Fehler zugibt.

Er fährt fort: „Ich habe die Pläne für die Fahrt zum Pol geändert. Acht Leute sind zu viel. Fünf genügen. Die übrigen drei sollen nach Osten und das King-Edward-Land erforschen."

Diese drei sind Prestrud, Stubberud und Johansen.

Das ist ein Stoß ins Herz, eine private Rache. Also war die Wahrheit so schwer zu ertragen und jetzt spuckt er mich aus, weil ich den Mut hatte, zu reden.

Johansen sagt: „Wenn ich mich weigere?"

[...]

Amundsen erweist sich in gerade dieser Situation als Chef. Das hat er vorausgesehen. Er ruft: „Bjaaland! Komm mit!"

Die beiden gehen miteinander in die Küche. Die anderen hören nicht, was dort gesprochen wird.

Dann kommt Bjaaland zurück. Amundsen ruft: „Wisting!"

Wisting geht in die Küche hinaus.

Bjaaland sagt unglücklich: „Ich muss schweigen."

Ein Mann nach dem anderen geht hinaus. Ein Mann nach dem anderen kommt zurück. Zuletzt ist Johansen an der Reihe.

Amundsen überreicht ihm einen Brief. Es ist ein schriftlicher Befehl. Johansen ist von der Teilnahme an der Fahrt zum Pol entbunden. Er soll stattdessen mit Prestrud nach Osten – unter der Führung Prestruds.

Johansen ist Soldat von Beruf. Zornig zu werden ist sein Recht, einen schriftlichen Befehl zu verweigern, der auf der Grundlage eines von ihm unterschriebenen Kontrakts korrekt abgefasst wurde, ist etwas anderes. Er schweigt.
[…]

Kåre Holt, Scott/Amundsen, Wettlauf zum Pol. Wien/Hamburg: Paul Zsolnay Verlag GmbH 1976, S. 203 ff.

3.2 In der Gletscherspalte (Scott)*

Sie sind auf dem Rückweg. Sie folgen der Spur ihrer Reise nach Süden. Sie gehen in einem Bogen, auf dem Hinweg waren sie vom Kurs abgekommen. Da steckt Scott eine Abkürzung durch neues Gelände aus. Einer der Hundeführer, Meares, protestiert und sagt, dass man auf einem längeren Weg schneller sein kann, wenn man weiß, dass er sicher ist. Aber vielleicht ist Scott nicht bei Laune. Dann wird er halsstarrig, gebieterisch und einsilbig. Offizier eines Schiffes im Sturm. Meares lässt die Hunde abbiegen und schickt sie entsprechend dem neuen Kurs auf ein Plateau zwischen zwei Eiswällen.
[…]

Da verschwinden plötzlich die sechs mittleren Hunde des Gespanns in einer Spalte, die der Neuschnee verdeckt hatte.

Osman, der riesenstarke Leithund, stemmt die Pfoten gegen festen Schnee und hält die sechs Hunde hinter ihm, die im Geschirr hängen. Zwei Hunde stehen noch auf der anderen Seite der Spalte, hinter ihnen der Schlitten. Da bricht ein weiteres Stück vom Schneerand ab und die beiden letzten Hunde rutschen mit lautem Heulen in die Spalte. Osman ist nun der Einzige, der nicht abgestürzt ist. Scott ist nach vorn gelaufen. Meares hat zwei Skistöcke auf den Spaltenrand gelegt, damit der Schnee besser trägt. Er legt sich auf den Bauch und schiebt sich zur Spalte vor. Zuerst sieht er nichts, hört aber die Hunde. Als die Augen sich vom scharfen Licht der Hochebene auf die Dunkelheit der Spalte umgestellt haben, erblickt er die Hundekörper, die sich unten in den Riemen winden. Eines der Tiere versucht auf das andere hinaufzukriechen, sie sind nahe daran, sich gegenseitig zu erwürgen. Noch hält Osman stand. Noch steht der Schlitten.

Es gelingt den Männern, den Schlitten quer zu stellen, damit er ein besseres Gegengewicht bildet. Dann springt Scott über die Spalte und hilft Osman, indem er ihn an einem Stock festbindet. Wilson kommt hinzu. Die anderen Männer sind noch weiter hinten. Meares liegt auf dem Bauch am Rand der Spalte. Er sagt: „Sie hängen noch immer dort." Da winden sich zwei Hunde aus den Riemen, fallen, landen zwanzig Meter tiefer auf einem Vorsprung und bleiben dort stehen. Die Männer legen nun Taue über die Spalte und verstärken das Riemenzeug, in dem die Hunde hängen. Der Schlitten wird so manövriert, dass er sicher über der Spalte zu stehen kommt, dann wird er an beiden Enden befestigt. Jetzt ist Osman frei. Meares, der Hundeexperte, will sich am Seil hinunterlassen. Scott ist im Zweifel. Es gilt, die Hunde zu retten, aber noch mehr gilt es, keine Männer zu opfern. Dann gibt er seine Erlaubnis.

Im Norden zieht eine Schlechtwetterfront auf. Das kennen die Männer schon. Hier kann das Wetter innerhalb weniger Minuten umschlagen.

[...] Meares befestigt das Tau unter den Armen, beide Hände müssen frei bleiben. Er weiß, wozu ein Hund imstande ist, wenn er an einem Seil hängt und zappelt. Er setzt sich auf den Rand der Spalte, holt tief Atem und sagt: „Jetzt!"
Sie lassen ihn hinunter, zwei Mann bremsen, sie haben das Tau um einen Stock gewunden, damit es langsam gleitet. Fuß um Fuß lassen sie Meares in die Spalte hinunter. Die Hunde bellen wie verrückt. Sie sehen, dass der Mann kommt, sie kennen ihn. Er hat sie oft geprügelt. Jetzt setzt er ihretwegen sein Leben aufs Spiel. Als er einen Meter über ihnen ist, brüllt er, um den obersten Hund zu erschrecken. Das Tier hält im Heulen inne. Mit einem blitzschnellen Griff packt Meares seine Schnauze und hält sie zu. Er hat einen dünnen Strick mit, den windet er um den Körper des Hundes, dann schneidet er das Riemenzeug mit einem Messer ab, das er zwischen den Zähnen gehalten hatte. Das Tier wird hinaufgezogen.

Die Hunde verstehen, dass Meares gekommen ist, um ihnen zu helfen, aber sie sind verrückt vor Angst. Der Rest des Gespanns hängt tiefer unten in der Spalte. Ein Gurt ist im Weg und macht es unmöglich, dass Meares neben die Hunde hinuntergelassen werden kann. Er trifft genau auf ihre Köpfe. Da fährt der eine Hund hoch und beißt ihn ins Bein. Meares erstickt einen Schrei, tritt nicht nach dem Hund, weil sonst sein Körper zu schwingen beginnen würde. Er krümmt sich und versucht den Kopf des Hundes in den Griff zu bekommen. Der Hund hat die Riemen um den Hals und ist nahe daran, von ihnen erwürgt zu werden. Meares schreit hinauf: „Nachlassen ...!"

Jetzt hängen die Hunde und Meares auf gleicher Höhe. Ein Hund schlägt aus und trifft einen anderen, tiefer hängenden, der Meares ins Gesicht tritt. Meares schlägt ihn zwischen die Augen. Da schwingt sein Körper heftig zur Seite, der Hund mit ihm. Als der Körper zurückschwingt, gelingt es ihm, das Seil um den Hund zu schlingen, und die Männer ziehen ihn hinauf.

[...]

Ein Hund nach dem anderen wird hinaufgezogen. Am Schluss ist Meares selbst an der Reihe. Die beiden Männer am Rand der Spalte ziehen langsam, Fuß um Fuß. Nur noch wenige Meter sind zurückzulegen, da bekommt Meares eine Ladung Schnee ins Gesicht. Es knackt im Gletscherrand über ihm.

Er denkt: Wenn sie mich schnell hochreißen würden … Aber die Männer ziehen langsam, gleichmäßig, ruhig. Sie rufen etwas – er kann es nicht verstehen.

Dann ist er oben.

Einen Augenblick lang liegt er auf dem Rand der Spalte, die Füße hängen hinunter, der Kopf ruht im Schoß von Scott.

[…]

Zwei Hunde stehen noch auf einem Absatz in der Spalte. Scott sagt: „Holt das längste Seil."

Meares protestiert. „Ich muss mich zuerst ausruhen."

Scott entgegnet: „Ich lasse mich hinunterseilen."

Wilson greift ein. Er ist Scotts Freund und kann verlangen, von ihm angehört zu werden. „Wir brauchen die Hunde, aber wir brauchen auch die Menschen und nicht zuletzt dich. Wenn du dich hinunterseilen lässt, setzt du mehr als dein eigenes Leben aufs Spiel."

Scott erwidert: „Wir können die Hunde nicht dort unten lassen und selbst weitergehen."

[…]

„Ich lasse mich hinunterseilen."

Sie verstärken jetzt die Verankerungen auf dem Schlitten, der quer über der Spalte steht. Weitere Männer sind angekommen. Wie viele können sich dem Spaltenrand nähern, ohne abzustürzen? Jeder Mann am Abgrund wird an einem hinter ihm stehenden angeseilt. Scott bindet das neunzig Fuß lange Tau um den Leib. Wilson steht auf der einen Seite, Meares, der sich wieder erholt hat, auf der anderen. Das Tau wickeln sie um die Skistöcke, um bremsen zu können.

Dann lässt Scott sich hinunter. Es ist hier dunkler, als er gedacht hatte. Er sieht, dass das Eis der Wände die Farbe wechselt. Kältewellen schlagen ihm entgegen, von oben kommt immer weniger Licht. Die Stimmen der Männer über ihm haben einen neuen, rollenden Klang. Er ruft hinauf: „Es geht gut ...!" Der Ruf hallt von Eiswand zu Eiswand, wird unverständlich, lässt einen Hund tief unter ihm erschreckt aufheulen. Das Heulen klingt so, als falle es zuerst in die bodenlose Schlucht und komme von dort verstärkt zurück. Es ist ein hohler, gespensterhafter, erschreckender Laut.

Meter um Meter tiefer hinunter. Er hängt ganz ruhig, merkt aber, dass das Kräfte erfordert. Die Kälte, die von den Eiswänden ausstrahlt, trifft die Haut wie Rutenschläge.

Nun nähert er sich dem Vorsprung. Es schmerzt im Genick, wenn er den Kopf vorzubeugen versucht, um den Vorsprung genauer zu sehen. Er schätzt, dass er an die vier Meter lang und höchstens eineinhalb Meter breit ist. An einigen Stellen fällt er schräg ab.

Er ruft hinauf: „Langsam!" Er muss nun den Körper in Schwingungen versetzen, bis er an die Eiswand herankommt und den Vorsprung mit den Füßen erreichen kann.

Der Körper schwingt, Scott stößt an die eine Wand und merkt plötzlich, dass er fällt. Dann wird er wieder höhergezogen.

Es gelingt ihm, einen Fuß auf den Vorsprung zu stellen, dann beide. Er reißt einen Fäustling von der Hand und hakt den Finger in eine Unebenheit der Eiswand. Dann zieht er sich an die Wand heran. Zwei Meter von ihm entfernt stehen die Hunde. Sie heulen nicht mehr.

Er weiß, was er tun muss. Zuerst das Tau lösen, dann, wobei er selbst frei steht, das Tau um den ersten Hund schlingen – und warten, während dieser hinaufgezogen wird.

Die Hundeaugen glühen wie brennende Kohlen im blauen, düsteren Licht. Es ist eine Frage der eigenen Nerven und der Klugheit der Hunde. Verstehen sie, warum er gekommen ist? Die Eiswand hinter ihm ist glatt. An ein paar Stellen des Absatzes liegt Schnee. Was unter dem Schnee ist, kann er nicht erkennen.

Dann schiebt er sich näher an die Hunde heran, Zentimeter um Zentimeter, redet ruhig, aber energisch mit ihnen. Er erreicht den ersten und krault ihn hinter dem Ohr. Plötzlich schnappt der Hund nach ihm. Die Zähne schlagen in Scotts Handgelenk. Er zwingt sich ruhig zu bleiben, bis der Hund lockerlässt. Dann löst Scott ruhig das Tau von seinem Körper und befestigt es am Hund.

Nun wird der Hund hinaufgezogen.

Während Scott hier unten steht, ohne Seil, hat er Zeit, die Eisformationen zu studieren, das Farbenspiel, das über ihm rötlich sprüht und unter ihm sich zu Schwärze verdunkelt. Der letzte Hund wendet die Augen nicht von Scotts Gesicht. So bleiben sie stehen und starren einander an.

Wie tief kann die Gletscherspalte sein? Dreihundert Meter, sechshundert? Niemals wird sie ausgemessen werden. Reicht sie vielleicht bis zum Grundgestein auf dem kältesten Kontinent des Erdballs? Tausendjähriger Schnee hat die Spalte geformt.

Da wird das Tau heruntergelassen.

Scott beginnt zu summen. Er ist kein großer Sänger, aber er hat gehört, dass leises Singen ein Tier beruhigt. Wieder schlingt er das Tau um den Tierkörper und wieder steht er allein hier unten, während der letzte Hund hinaufgezogen wird.

Das ist die Einsamkeit. [...]

Er steht und wartet ohne Tau, versucht zu horchen, alle Laute werden verzerrt und rollen wie Donner. Angst erfasst ihn, dass die Schallwellen Risse im Eis über ihm erzeugen und die Ränder einstürzen können. Da sieht er das Tauende langsam herunterkriechen.

Die Männer oben rufen, er kann nicht hören, was sie sagen. Als er das Tau um den letzten Hund befestigte, hat er einen Fäustling verloren. Jetzt ist seine Hand starr vor Kälte.

Er kann die Finger nicht bewegen, als er das Tau am eigenen Körper befestigen soll, und muss auch den anderen Fäustling wegwerfen. Scott beginnt am ganzen Körper zu zittern, seine Gedanken funktionieren nicht mehr; er versucht sich zu ruhigem Überlegen zu zwingen. Der kleine Finger steht ab wie ein froststarrer Zeig.

Dann haucht er ihn an, schafft es, das Tau um den Leib zu schlingen, fühlt, wie die Dunkelheit in seinem Gehirn zunimmt. Ist er am Erfrieren? Das Tau liegt um seinen Leib, er zieht die Schlinge zu, weiß nicht, ob der Knoten hält.

Er steigt höher. Ein kleiner Vorsprung ist über ihm, den muss er umgehen, sich mit einem Arm von ihm wegschieben. Er schafft es nicht. Die Eiskante reißt ihm die Pelzmütze ab, ritzt die Kopfhaut, aber er friert zu sehr, um Schmerzen zu spüren.

Dann ist er oben.

Zwei Männer legen sich auf den Schlitten, den sie nun von der Spalte weggezogen haben. Man bettet Scott auf die beiden und Wilson legt sich auf ihn. Dann flößt man ihm heißen Tee ein, den einer der Männer gekocht hat, während die anderen mit den Hunden kämpften und Scott unten wartete.

[…]

Kåre Holt, Scott/Amundsen. Wettlauf zum Pol. Wien/Hamburg: Paul Zsolnay Verlag GmbH 1976, S. 138 ff.

4. Kåre Holt: Erfundenes Gespräch zwischen Scott und Amundsen*

„Ich bin Ihnen sehr dankbar, Amundsen, dass Sie mir die Freude machen, zu einer privaten Besprechung zu kommen. Sie wissen, dass ich niemanden so hoch achte wie Sie, sowohl was Ihre reiche Erfahrung mit den Polargebieten betrifft, als auch hinsichtlich Ihrer Persönlichkeit."

„Das ist allzu freundlich von Ihnen, Scott. Ich kann darauf nur entgegnen: Wenn die Freude jemals auf meiner Seite war, dann in diesem Fall."

„Ich würde vorschlagen, Amundsen, dass wir beide versuchen zu einem tieferen Verständnis unserer Situation – und unserer eigenen Person – zu gelangen."

„Ganz Ihrer Meinung, Scott. Es kann vorkommen, dass ich im stillen Kämmerlein die bittersten Wahrheiten über mich selbst sehe und ausspreche. Auch Wahrheiten über andere."

„Ich habe versucht Sie telefonisch zu erreichen, als ich in Christiania war!"

„Ich habe den Hörer nicht abgenommen. Ich stand neben dem Apparat und wusste, dass Sie es waren, der anrief. Ich war zu feige. Ich hätte bei einer persönlichen Begegnung nicht verschweigen können, dass ich mich zu diesem Zeitpunkt entschlossen hatte, hier unten Ihr Konkurrent zu werden. Es wäre mit Recht als Unehrlichkeit ausgelegt worden. Andererseits konnte ich Ihnen zu einem so frühen Zeitpunkt nicht die Wahrheit sagen. Das hätte die Schockwirkung verringert, die ich erreichen wollte. Außerdem – und das ist, glaube ich, wichtig: Ich hätte Schwierigkeiten mit meiner Regierung bekommen. Sie wissen ja, dass aufgrund der Abhängigkeit Norwegens von England norwegische Behörden hätten verlangen können, dass ich nicht als Ihr Konkurrent auftrete."

„Ich weiß, dass ich jetzt meine Schwäche enthülle, Amundsen. Aber ich wünschte, Ihre Behörden hätten Sie aufgehalten. Nicht weil ich glaube, dass das berechtigt gewesen wäre. Aber Sie, mit Ihrem grenzenlosen Ehrgeiz, der Sie nicht einmal an einer Verheimlichung hindert, die ich als unehrlich betrachte – Sie werden wohl verstehen, dass der Ehrgeiz auch für mich eine Qual ist."

„Ich verstehe Sie voll und ganz, Scott! Solange wir von Wünschen reden, könnte auch ich welche äußern. Zum Beispiel: die Motorschlitten. Ich wünsche sie zum Teufel."

„In diesem Punkt teile ich Ihre Wünsche oft. Mit dem ersten ist es schon vorbei. Er ist durch das Eis gebrochen und auf Grund gesunken."

„Ich habe das Bedürfnis, Scott, genau Rechenschaft über meine Motive abzulegen. Ich bin kein Wissenschaftler. Ich strebe nur nach dem Rekord. Ich will, dass es heißt: Amundsen war der Erste. Und obwohl ich meine Zweifel habe, was Cook und Peary betrifft, so würde doch über einer eventuellen Eroberung des Nordpols durch mich immer ein Schatten liegen: Er war nicht der Erste! Das zwang mich in den Kampf um den Südpol einzugreifen, der für Sie ja das primäre Ziel ist. Belügen Sie nicht jedermann und auch sich selbst, wenn Sie behaupten, der

Pol sei nur ein untergeordnetes Ziel Ihrer Expedition? Sie wagen nicht einzuräumen, dass es der Pol ist, den Sie erreichen wollen – und den Sie als Erster erreichen wollen. Sie meinen, das sei unfein. Außerdem sind Sie ein wenig feige, Scott. Nicht was äußere Gefahren betrifft – ich glaube, Ihr Pflichtgefühl kann Sie dazu bringen, das Äußerste zu wagen, wenn es sich ergeben sollte. Aber wagen Sie vorzutreten und etwas auf sich zu nehmen, das nach Schande schmeckt? Ich wage es. Ich kann sagen: Ich habe ein einziges Ziel: als Erster zum Pol zu kommen."

„Und deshalb glaube ich, dass Sie der Erste sein werden, Amundsen! Sie haben die nötige Schamlosigkeit und Tollkühnheit, die ich allerdings für dumm halte, aber auch für ungeheuer effektiv. Sie wissen sehr genau, dass Shackleton[1] gesehen hat, dass das Eis der Walbucht driftet. Das ist erst ein paar Winter her. Aber ausgerechnet dort haben Sie Ihr Winterlager aufgeschlagen."

„Es war logisch, dass ich dieses Risiko eingegangen bin, Scott. Ich muss buchstäblich siegen oder sterben. Nach der kleinen Unehrlichkeit, die ich Ihnen gegenüber zugegeben habe, kann ich meine Ehre nur retten, indem ich siege. In der Walbucht bin ich dem Pol um hundert Kilometer näher gekommen."

„Das wird sich als ausreichend erweisen."

„Sie sind ein Pessimist, Scott."

„Ja. Ich glaube, das kommt davon, dass ich innerlich reicher bin als Sie – ja, verzeihen Sie, aber wir haben einander versprochen offen zu sein."

„Gern! Sprechen Sie weiter, Scott."

„Dieser innere Reichtum kann ein Minuspunkt für einen Mann sein, der in verzweifelten Situationen andere Männer führen soll. Ein General, der Befehl gibt, dass die Kanonen eine Stadt beschießen, darf nicht zu viele Skrupel haben, wenn er seine Mitmenschen tötet. Wenn er ein Imperium im Rücken hat, hilft ihm das dabei. Aber er muss

---

[1] Sir Ernest Henry Shackleton (1874–1922), britischer Polarforscher, unternahm 1901–1904 zuammen mit Scott und 1908–1909 eine eigene Forschungsreise nach Victorialand.

dem einfachen Menschentypus angehören, der an das Recht des Imperiums glaubt. Dann kann er an das seine glauben. Sie sind ein solcher Mann, auch wenn Sie kein Imperium im Rücken haben. Ich habe es, bin aber nicht der Mann dafür."

„Wer das Ziel will, muss auch die Mittel wollen – das ist meine Meinung. Warum ziehen Sie eigentlich aus, den Pol zu erobern, Scott, wenn Sie nicht alles andere zur Seite schieben und versuchen ihn als Erster zu erreichen?"

„Haben Sie jemals ein Ei in der Hand gehabt, Amundsen?"

„Ich verstehe nicht."

„Sie haben die beneidenswerte Eigenschaft, dass Sie nicht immer verstehen. Mein Freund Wilson ist von Kap Crozier mit zwölf Eiern der Kaiserpinguine zurückgekehrt, Eiern, die bisher noch kein Mensch gesehen hat. Jetzt werden sie unter dem Mikroskop studiert. Der Mensch wird in seinem Wissen um einen ganz kleinen Schritt vorrücken. Es macht mir Freude, das feststellen zu können."

„Das freut auch mich, Scott. Aber ich muss Ihnen von neuem mangelnde Konsequenz vorwerfen. Was wollen Sie eigentlich? Ich finde, es wäre lächerlich, wenn es von mir heißen sollte: Er wollte zum Pol, aber das ist ihm nicht gelungen. Dafür kam er mit einem Kilo Eier heim."

„Die niemand vorher gesehen hatte."

„Und die niemand hätte sehen müssen."

„Ich räume gern ein, dass Sie eine Reihe von Eigenschaften besitzen, Amundsen, die mir fehlen. Aber sind Sie eigentlich innerlich so ruhig, wie Sie nach außenhin wirken? Neigen Sie nicht etwa zur Hysterie[2]?"

„Ja, ich glaube, das kommt der Wahrheit ziemlich nahe. Das kann damit zusammenhängen, dass ich niemals das gelebt habe, was ich ein natürliches Leben nennen würde. Zum Beispiel interessieren mich Frauen nicht. Ich verberge diesen Mangel an Interesse selbstverständlich, so gut es geht. Ich habe mich gefragt: Zieht es mich zu anderen Män-

---

[2] Krankhaftes seelisches Verhalten.

nern hin? Möglich. Aber ich bin zu klug und außerdem zu feige. Diese strenge Askese[3] verstärkt noch meinen Ehrgeiz. Ich halte tiefe Kräfte unter Kontrolle – und deshalb ist die Hysterie nicht weit entfernt."

„Kommt es vor, dass Sie die Selbstbeherrschung verlieren?"

„Ab und zu, wenn etwas nicht so läuft, wie ich es will, Kleinigkeiten. Zum Beispiel: Wenn ein Hundegespann aus dem Kurs ausbricht – nicht einmal, das meistere ich schon, sondern immer wieder. Da werde ich nicht nur wütend, sondern schreie und tobe. Meine Männer dürfen das nicht sehen. Ich krümme mich zusammen und beiße in einen Fäustling, um die Hysterie zu verbergen. Da habe ich keine Gefühle, wenn ich einen Hund prügle."

„Ich habe Gefühle."

„Ich weiß. Glauben Sie mir – ich wünschte, auch ich hätte welche."

„Wird diese Hysterie nicht gefährlich werden, wenn sie ausbricht, sobald alles auf dem Spiel steht?"

„Zweifellos. Einer der Faktoren, die meine Unruhe und damit die Möglichkeit hysterischer Ausbrüche verstärken, ist das Wissen darum, dass Hysterie etwas ist, das Ihnen fern liegt."

„Darin haben Sie, glaube ich, Recht. Dafür bin ich – um über meine Schwächen zu sprechen – ein Mann ohne Fantasie. Die Jahre bei der Marine haben diesen Mangel verstärkt. Die Marine muss ihr Reglement haben. Wissen Sie, dass meine Männer die Hacken zusammenschlagen, wenn sie in die kleine Kammer kommen, die gleichzeitig mein Schlafzimmer und mein Büro ist?"

„Wir schlafen im selben Raum. Das ist eine Intimität, die ich hasse. Aber ich lache mit meinen Männern. Das ist eine meiner starken Seiten."

„Sie haben zweifellos viele starke Seiten, Amundsen, aber ich muss trotzdem sagen, dass ich Sie nicht mag."

„Ich weiß es. Das Seltsame ist: Ich glaube, es gereicht mir zum Vorteil. Dass Sie mich nicht mögen, erfüllt mich

---

[3] Streng enthaltsame Lebensweise, Entsagung.

mit Hass und treibt mich vorwärts. Aber dieser Widerwille in Ihnen wirkt lähmend auf Ihren Charakter, weil Sie ihn als etwas Unwürdiges empfinden."

„Hat einer Ihrer Männer Ihren Hang zur Hysterie entdeckt?"

„Einer. Der tüchtigste und gefährlichste von allen. Er war Nansens Mann, bevor er der meine wurde."

„Der gefährlichste, sagen Sie?"

„Weil er der Einzige ist, der Führerqualitäten hat. Die anderen habe ich selbst gewählt. Es sind praktische Männer, glänzende Skiläufer, sie ertragen Kälte, ertragen alles. Aber sie sind unbedeutend. Es war mein Wunsch, dass es so sein sollte. Keiner durfte dran zweifeln, dass ich der Leiter war. Aber Nansen empfahl seinen Mann. Ich hatte keine andere Wahl."

„War Nansen nicht Ihr Wohltäter und Freund?"

„Nach außenhin. Aber innerlich war er wohl im Zweifel über seine eigenen Möglichkeiten, in seinem Alter eine Expedition nach Süden durchzustehen. Deshalb war es leichter für ihn, mir die *Fram* zu überlassen und gleichzeitig etwas von meinem Ruhm zu stehlen, indem er daran erinnerte, dass die Pläne für eine Expedition zum Südpol von ihm ausgearbeitet worden waren, während er sich im Nördlichen Polarmeer befand. Das war nicht schlecht ausgedacht. Mir Hjalmar Johansen aufzudrängen, war ein übler Streich. Er ist viel zu selbstständig, um mein Untergebener zu sein."

„Und er hat Ihren Hang zur Hysterie bemerkt?"

„Er hat ihn geahnt. Und wenn die Hysterie eines Tages ausbricht und ich die Herrschaft über die Ereignisse verliere, wird das in seiner Gegenwart geschehen."

„Zur Freundschaft sind Sie nicht besonders begabt, Amundsen."

„Eigentlich habe ich nur einen Freund, mich selbst. Und meinen Bruder Leon. Aber ich wage zu sagen, dass ein Bruder, der mir so viele Dienste erwiesen, der so tief in meine ehrgeizige Seele geblickt hat, mit dem ich so offen diskutiert habe und der deshalb meine ganze Unredlichkeit, zum Beispiel Ihnen gegenüber, kennt – dass ein solcher Bruder nicht immer mein Bruder wird bleiben können. Ich glaube, dass es zu einem Bruch zwischen uns kommen wird."

„Ich bin stolz darauf, sagen zu können, dass ich meine ganze Familie erhalten habe, als mein Vater und mein Bruder starben."

„Dieser Stolz ist berechtigt. Aber hat sich nicht Ihr Pflichtgefühl dadurch so entwickelt, dass Sie kaum unmoralisch handeln können, auch wenn dies zur Erreichung eines Ziels notwendig wäre, Scott?"

„Sir?"

„Sind Sie ganz ehrlich, wenn Sie sich als einen Mann ohne moralische Fehler hinstellen?"

„Das bin ich nicht. Zum Beispiel: Ich habe an mir bemerkt, dass ich immer stärker zu Neidgefühlen neige. Als Evans, mein Erster Offizier, die *Terra Nova* durch sein mutiges Verhalten während eines Sturms rettete, habe ich ihn aus ganzem Herzen beneidet. Verstehen Sie: Eine solche Tat wird ewig in Erinnerung bleiben. Ein Mann rettet eine Mannschaft und ein Schiff. Das war vielleicht mein innerstes Motiv, als ich seinen persönlichen Plan zur Eroberung des Südpols zurückwies."

„Meiner Meinung nach hat Evans' Plan Aussicht auf Erfolg, Scott. Ein rasches und kühnes Vorrücken ist notwendig, um meine Männer und mich zu bezwingen."

„Ich weiß das. Aber es bedeutet auch, dass wir Tiere und Menschenleben aufs Spiel setzen. Das ist nicht leicht für eine Natur wie die meine. Außerdem, soll ich mit Hilfe eines Plans, der nicht von mir stammt, als – eventueller – Sieger im Kampf um den Pol dastehen? Wäre dann nicht er der Sieger?"

Ich glaube, Sie werden zugrunde gehen, Scott."

„Das glaube ich selbst. Aber ich weiß, dass ich als ehrlicher Mann sterben werde, und stolz."

„Und ich weiß, wenn ich umkomme, wird der Tod mich mit einem Glanz umgeben, der alle meine negativen Eigenschaften überdecken wird."

„Deshalb haben Sie genau genommen nichts gegen den Tod?"

„Am liebsten möchte ich als Sieger leben. Als Verlierer will ich sterben. Ich glaube, wenn ich zum Pol käme und Ihre Fahne dort fände, dann würde ich mein letztes Spiel spielen: Ich würde meine Männer auf dem Rückweg geleiten, mein Tagebuch führen, durch das die Nachwelt von meiner Größe erfahren soll, und dann würde ich eines Nachts, wenn alle schlafen, eine Spalte im Eis suchen."

„Wenn ich Ihre Fahne auf dem Pol fände – und genau genommen glaube ich, dass das mein Schicksal sein wird –, würde auch ich meine Männer zurückführen. Ich würde es als meine Pflicht erachten, zu überleben. Aber wenn ich sterbe, wird man mich, das glaube ich, groß nennen – und es wird die Wahrheit sein."

„Das waren stolze Worte, Scott. Und Sie haben das Recht, sie auszusprechen. Aber sagen Sie mir eines: die Wahrheit über die Motorschlitten."

„Begreiflich, dass Sie in diesem Punkt unruhig sind, Amundsen. Aber ich sehe mich außerstande, Ihnen genauere Auskünfte zu geben. Wann brechen Sie auf, Amundsen?"

„Auch ich bin leider außerstande, Ihnen weitere Auskünfte zu geben. Aber ich wünsche Ihnen und Ihren Männern alles Gute, Scott! Ich kenne Ihr Ziel. Und Sie kennen das meine."

„Leben Sie wohl, Amundsen."

„Leben Sie wohl."

Kåre Holt, Scott/Amundsen. Wettlauf zum Pol. Wien/Hamburg: Paul Zsolnay Verlag GmbH. 1976, S. 187–194. Auch als Taschenbuch bei Bastei-Lübbe (Nr. 65014).

II. Die Eroberung des Südpols in

1. Historische Miniatur, Tagebuch

1.1 Stefan Zweig: „Der Kampf um den Südpol"
– Historische Miniatur –

Kapitän Scott, 90. Breitengrad
16. Januar 1912

Der Kampf um die Erde
Das zwanzigste Jahrhundert blickt nieder auf geheimnislose Welt. Alle Länder sind erforscht, die fernsten Meere zerpflügt. Landschaften, die vor einem Menschenalter noch selig frei im Namenlosen dämmerten, dienen schon knechtisch Europas Bedarf, bis zu den Quellen des Nils, den lang gesuchten, streben die Dampfer; die Viktoriafälle, erst vor einem halben Jahrhundert vom ersten Europäer erschaut, mahlen gehorsam elektrische Kraft, die letzte Wildnis, die Wälder des Amazonenstromes, ist gelichtet, der Gürtel des einzig jungfräulichen Landes, Tibets, gesprengt. Das Wort „Terra incognita" der alten Landkarten und Weltkugeln ist von wissenden Händen überzeichnet, der Mensch des zwanzigsten Jahrhunderts kennt seinen Lebensstern. Schon sucht sich der forschende Wille neuen Weg, hinab zur fantastischen Fauna der Tiefsee muss er steigen oder empor in die unendliche Luft. Denn unbetretene Bahn ist nur noch im Himmel zu finden und schon schießen im Wettlauf die stählernen Schwalben der Aeroplane empor, neue Höhen und neue Fernen zu erreichen, seit die Erde der irdischen Neugier brach ward und geheimnislos.

Aber ein letztes Rätsel hat ihre Scham noch vor dem Menschenblick bis in unser Jahrhundert geborgen, zwei

Fortsetzung Seite 34

unterschiedlichen Darstellungen

und Bericht: Auf dem Weg zum Pol

1.2 Kapitän Scott: „Letzte Fahrt"
– Tagebuch –

Unheilvolle Ausfahrt

Die „Terra Nova" hatte am 1. Juni 1910 mit meiner Expedition an Bord London verlassen und ich folgte ihr am 16. Juli nach Neuseeland. Als das Schiff in Lyttelton, dem Hafen der Stadt Christchurch auf der Südinsel von Neuseeland, anlangte, zeigte es ein Leck und musste auf drei Wochen ins Dock; ein Steven war gebrochen und in einer Planke war ein Loch für einen Bolzen zu groß gebohrt. Auch nach der Reparatur leckte das Schiff noch ein wenig, aber nicht mehr, als man bei einem alten Holzfahrzeug erwarten musste; täglich eine Viertelstunde Arbeit an der Handpumpe reichte aus, das eindringende Wasser zu entfernen.

Wir hatten unsere Abfahrt auf Sonnabend, den 26. November, nachmittags 3 Uhr angekündigt und drei Minuten vor dieser Zeit legte die „Terra Nova" vom Hafendamm ab. Eine große Volksmenge hatte sich am Ufer versammelt und unzählige kleine Boote und zwei Schleppdampfer begleiteten unser Schiff hinaus, sodass unser Fotograf Ponting mit seinen kinematografischen Aufnahmen alle Hände voll zu tun hatte.

[…]

Donnerstag, 1. Dezember. Das Schiff stampfte gestern sehr infolge südwestlicher Dünung. Über Nacht wurde der Wind stärker, ich erwachte von der Bewegung; jetzt bläst er steif aus Nordwesten und die See geht hoch.

Unter diesen Umständen bietet das Schiff einen seltsam bunten, nicht gerade erfreulichen Anblick. Der Raum unter

Fortsetzung Seite 35

winzige Stellen ihres zerfleischten und gemarterten Körpers gerettet vor der Gier ihrer eigenen Geschöpfe. Südpol und Nordpol, das Rückgrat ihres Leibes, diese beiden fast wesenlosen, unsinnlichen Punkte, um die ihre Achse seit Jahrtausenden schwingt, sie hat die Erde sich rein gehütet und unentweiht. Barren von Eis hat sie vor dieses letzte Geheimnis geschoben, einen ewigen Winter als Wächter den Gierigen entgegen gestellt. Frost und Sturm halten herrisch den Zugang ummauert, Grauen und Gefahr scheuchen mit Todesdrohung den Kühnen. Flüchtig nur darf selbst die Sonne diese verschlossene Sphäre schauen und niemals ein Menschenblick.

Seit Jahrzehnten folgen einander die Expeditionen. Keine erreicht das Ziel. Irgendwo, erst jetzt entdeckt, ruht im gläsernen Sarge des Eises, dreiunddreißig Jahre, die Leiche des kühnsten der Kühnen, Andrees, der im Ballon den Pol überfliegen wollte und niemals wiederkam. Jeder Ansturm zerschellte an den blanken Wällen des Frostes. Seit Jahrtausenden bis in unsern Tag verhüllt hier die Erde ihr Antlitz, zum letzten Mal siegreich gegen die Leidenschaft ihrer Geschöpfe. Jungfräulich und rein trotzt ihre Scham der Neugier der Welt.

Aber das junge zwanzigste Jahrhundert reckt ungeduldig seine Hände. Es hat neue Waffen geschmiedet in Laboratorien, neue Panzer gefunden gegen die Gefahr, und alle Widerstände mehren nur seine Gier. Es will alle Wahrheit wissen, sein erstes Jahrzehnt schon will erobern, was alle Jahrtausende vor ihm nicht zu erreichen vermochten. Dem Mut des Einzelnen gesellt sich die Rivalität der Nationen. Nicht um den Pol allein kämpfen sie mehr, auch um die Flagge, die zuerst über dem Neuland wehen soll: Ein Kreuzzug der Rassen und Völker hebt an um die durch Sehnsucht geheiligte Stätte. Von allen Erdteilen erneut sich der Ansturm. Ungeduldig harrt schon die Menschheit, sie weiß, es gilt das letzte Geheimnis unseres Lebensraumes. Von Amerika rüsten Peary und Cook gegen den Nordpol, nach Süden steuern zwei Schiffe: Das eine befehligt der uns ist dank der Geschicklichkeit unseres Proviantmeisters Leutnant Bowers so dicht voll gepackt, wie es menschliche Geschicklichkeit nur ersinnen kann, und auf Deck ist's kaum anders. Der Raum unter der Großluke enthält alle Vorräte für unsere Ladung und einen Teil der Hütten; über ihm auf dem Hauptdeck sind der Rest des Holzwerks für die Hütten, die Schlitten, die Ausrüstung für die Landreise und alle Instrumente und Maschinen für die Männer der Wissenschaft wundervoll gedrängt verpackt. Das beengt zwar den Platz der Leute sehr, aber sie haben selbst gebeten, auf sie keine Rücksicht zu nehmen; sie würden sich schon behelfen. Der Raum der Mannschaft reicht nun von der Vorluke bis an den Steven[4] auf dem Hauptdeck.

Unter der Back sind Stände für fünfzehn meiner mandschurischen Ponys, das Äußerste, was der Raum fassen konnte. Sieben auf der einen Seite, acht auf der andern, die Köpfe einander zugewandt. Durch ein Loch im Schott sieht man die Reihe der Pferdeköpfe mit traurigen, geduldigen Augen emporschaukeln, jetzt die von der Steuerbordseite, dann die auf der Backbordseite, und dazwischen Anton, den Wärter, mit der Bewegung des Schiffes einträchtig hin und her schwanken. Die wochenlange Fahrt wird eine schlimme Probe für die armen Tiere sein und sie sehr herunterbringen; aber nach menschlichen Normen lässt sich das nicht beurteilen. Es gibt Pferde, die sich nie legen, und alle Pferde können im Stehen schlafen; sie besitzen in jedem Bein eine Sehne, die ihr Gewicht ohne Anstrengung trägt. Der übrige Raum der Back ist mit 5000 Kilo Futter dicht voll gepackt und dazwischen haust der immer achtsame Anton, der russische Pferdeknecht, der arg an Seekrankheit leidet. Trotzdem rauchte er gestern Abend eine Zigarre; er rauchte immer ein wenig, dann kam eine Pause, wo sich sein Magen umkehrte, darauf griff er wieder zu seiner Zigarre. „Nicht gut!", klagte er Rittmeister Oates, indem er sich den Magen rieb. Ein tapferer kleiner Kerl!

---

[4] Hölzerne Begrenzung des Schiffrumpfes.

Norweger Amundsen, das andere ein Engländer, der Kapitän Scott.

Scott

5 Scott: irgendein Kapitän der englischen Marine. Irgendeiner. Seine Biografie identisch mit der Rangliste. Er hat gedient zur Zufriedenheit seiner Vorgesetzten, hat später an Shackletons Expeditionen teilgenommen. Keine sonderliche Conduite[5] deutet den Helden an, den Heros. Sein Gesicht,
10 rückgespiegelt von der Fotografie, das von tausend Engländern, von zehntausend, kalt, energisch, ohne Muskelspiel, gleichsam hart gefroren von verinnerlichter Energie. Stahlgrau die Augen, starr geschlossen der Mund. Nirgends eine romantische Linie, nirgends ein Glanz von Heiterkeit in die-
15 sem Antlitz aus Willen und praktischem Weltsinn. Seine Schrift: irgendeine englische Schrift, ohne Schatten und Schnörkel, rasch und sicher. Sein Stil: klar und korrekt, packend in den Tatsächlichkeiten und doch fantasielos wie ein Rapport[6]. Scott schreibt Englisch wie Tacitus Latein,
20 gleichsam in unbehauenen Quadern. Man spürt einen völlig traumlosen Menschen, einen Fanatiker der Sachlichkeit, einen echten Menschen also der englischen Rasse, bei der selbst Genialität sich in die kristallene Form der gesteigerten Pflichterfüllung presst. Dieser Scott war schon hun-
25 dertmal in der englischen Geschichte, er hat Indien erobert und namenlose Inseln im Archipel, er hat Afrika kolonisiert und die Schlachten gegen die Welt geschlagen, immer mit der gleichen ehernen Energie, dem gleichen kollektiven Bewusstsein und dem gleichen kalten, verhaltenen
30 Gesicht.

Stahlhart aber dieser Wille: Das spürt man schon vor der Tat. Scott will vollenden, was Shackleton begonnen. Er rüstet eine Expedition, aber die Mittel reichen nicht aus. Das hindert ihn nicht. Er opfert sein Vermögen und macht

---

[5] Haltung.
[6] Bericht, Meldung, insbesondere beim Militär.

Die vier übrigen Ponys stehen außerhalb der Back auf der Leeseite der Vorluke in einem starken hölzernen Bau. Unter ihrem wasserdichten Segeltuchdach haben sie es jedenfalls besser als ihre fünfzehn Kameraden.

Unmittelbar hinter dem Schott der Back ist die kleine Achterluke, bei schlechtem Wetter der einzige Zugang zur Mannschaftsmesse. Dann kommt der Fockmast und zwischen ihm und der Vorluke die Kombüse und der Kran. Hinter der Vorluke ist das Eishaus, das drei Tonnen Eis, 162 geschlachtete Hammel und drei Rinder nebst einigen Büchsen Kalbsmilch und Nieren enthält. Die geschlachteten Tiere sind lagenweise, mit Holzlatten zwischen den einzelnen Lagen, verstaut – ein Triumph guter Verpackung, und ich denke, dass uns den Winter hindurch frisches Hammelfleisch verbürgt ist.

Gerade hinter dem Eishaus und zu beiden Seiten der Großluke stehen zwei ungeheure Packkisten, jede zu 5 × 1 1/2 × 1 1/4 Meter, die sich mehrere Zentimeter hoch über dem Deck erheben und erschrecklich viel Platz wegnehmen, jede mehr als 9 Kubikmeter; sie enthalten zwei Motorschlitten. Der dritte ruht quer über der Hinterdecköffnung, da wo bisher die Achterwinde war. Die Kisten sind mit kräftigem Segeltuch überdeckt und mit schweren Ketten und Tauen festgemacht, damit sie unter allen Umständen sicher sind. Das Petroleum zu diesen Schlitten enthalten Blechkannen und -fässer, die in starke Holzkisten verpackt sind, im Ganzen 2 1/2 Tonnen Öl, das den Raum unmittelbar vor dem Hinterdeck und den Motorschlitten gegenüber arg beeinträchtigt. Der Rest der Behälter mit Petroleum, Paraffinöl und Alkohol steht zwischen der Großluke und dem Fockmast und längs der beiden Kühlgänge.

Um diese Packkisten herum, von der Kombüse nach vorn bis an das Steuerbord achteraus, steht das Deck voll aufgestapelter Kohlensäcke, die aber bald verschwinden werden, denn die „Terra Nova" frisst entsetzlich viel Kohlen: Wie mir schon gestern gemeldet wurde, acht Tonnen im Tag! 405 Tonnen sind im Kohlenraum und im Schiffsraum unter der

Schulden in der Sicherheit des Gelingens. Seine junge Frau schenkt ihm einen Sohn – er zögert nicht, ein anderer Hektor, Andromache[7] zu verlassen. Freunde und Gefährten sind bald gefunden, nichts Irdisches kann den Willen mehr beugen. „Terra Nova" heißt das seltsame Schiff, das sie bis an den Rand des Eismeeres bringen soll. Seltsam, weil so zwiefach in seiner Ausrüstung, halb Arche Noah, voll lebenden Getiers, und dann wieder modernes Laboratorium mit tausend Instrumenten und Büchern. Denn alles muss mitgebracht werden, was der Mensch für die Notdurft des Körpers und Geistes bedarf, in diese leere, unbewohnte Welt, sonderbar gattet sich hier das primitive Wehrzeug des Urmenschen, Felle und Pelze, lebendiges Getier, dem letzten Raffinement des neuzeitlichen komplizierten Rüstzeuges. Und fantastisch wie dies Schiff auch das Doppelantlitz der ganzen Unternehmung: ein Abenteuer, aber doch eins, das kalkuliert ist wie ein Geschäft, eine Verwegenheit mit allen Künsten der Vorsicht – eine Unendlichkeit von genauer, einzelner Berechnung gegen die noch stärkere Unendlichkeit des Zufalls.

Am 1. Juni 1910 verlassen sie England. In diesen Tagen leuchtet das angelsächsische Inselreich. Saftig und grün blühen die Wiesen, warm liegt und glänzend die Sonne über der nebellosen Welt. Erschüttert fühlen sie die Küste fortschwinden, wissen sie doch alle, alle, dass sie Wärme und Sonne Abschied sagen auf Jahre, manche vielleicht für immer. Aber dem Schiff zu Haupte weht die englische Flagge und sie trösten sich in dem Gedanken, dass ein Weltzeichen mitwandert zum einzig noch herrenlosen Strich der eroberten Erde.

---

[7] Helden aus der griechischen Sage: Hektor, Gatte der Andromache, fällt im Kampf um Troja.

Die Terra Nova im Eis eingeschlossen

Im Winterquartier

Universitas antarctica

Im Januar landen sie nach kurzer Rast in Neuseeland bei Kap Evans, am Rande des ewigen Eises, und rüsten ein Haus zum Überwintern. Dezember und Januar heißen dort
5 die Sommermonate, weil einzig im Jahre dort die Sonne ein paar Stunden des Tages auf dem weißen, metallenen Himmel glänzt. Aus Holz sind die Wände gezimmert, ganz wie bei den früheren Expeditionen, aber innen spürt man den Fortschritt der Zeit. Während ihre Vorgänger damals
10 noch mit stinkenden, schwelenden Tranlampen im Halbdunkel saßen, müde ihres eigenen Gesichts, ermattet von der Eintönigkeit der sonnenlosen Tage, haben diese Menschen des zwanzigsten Jahrhunderts die ganze Welt, die ganze Wissenschaft in Abbreviatur[8] zwischen ihren vier
15 Wänden. Eine Azetylenlampe spendet weißwarmes Licht, Kinematografen zaubern ihnen Bilder der Ferne, Projektionen tropischer Szenen aus linderen Landschaften vor,

---

[8] Abkürzung.

Großluke untergebracht, 25 Tonnen irgendwo im Vorderteil des Schiffes und etwas über 30 Tonnen hier auf dem Oberdeck.
[...]

Die anscheinende Verwirrung auf Deck vervollständigen unsere dreiunddreißig Hunde; sie sind, zwei ausgenommen, sibirischen Ursprungs; Meares hat sie ausgesucht und mit Hilfe des Hundefahrers Dimitri Gerof quer durch Sibirien nach Wladiwostok getrieben, von wo er sie zu Dampfer nach Sydney und von da nach Lyttelton brachte. Sie sind, was bei der Wildheit der Tiere unbedingt nötig ist, zwischen den Motorschlitten an den Pfosten und Riegeln des Eishauses und der Großluke angekettet und haben allen Schutz, der sich auf Deck bieten lässt, aber ihre Lage ist nicht beneidenswert. Die Wellen brechen sich unaufhörlich an der Wetterseite des Schiffes und das Spritzwasser regnet auf alles, was sich auf das Mitteldeck wagt, in dichten Wolken herunter. Die Schwänze diesem Regen zugekehrt, sitzen die Hunde trübselig umher, ihre Decken triefen und ab und zu lässt eins der Tiere ein wehmütiges Winseln hören. Ihre Nahrung, ungefähr 5 Tonnen Hundekuchen, haben wir allenthalben in die Lücken zwischen dem Gepäck eingekeilt; Meares ist nicht dafür, die Hunde mit Seehundfleisch zu füttern, während ich das, im Winter wenigstens, für besser halte.

Wie wir es fertig bringen, an unserm Kajütentisch für vierundzwanzig Offiziere Platz zu finden, ist mir noch unerklärlich. Meist sind zwar einer oder zwei auf Wache, was die Sache erleichtert, aber es ist trotzdem ein heilloses Gedränge. Unsere Mahlzeiten sind einfach, aber unsere beiden Stewards, Hooper und Neale, wissen alle Anforderungen zu befriedigen, besorgen das Aufwaschen, machen die Kajüte rein, räumen auf und sind überall liebenswürdig behilflich.
[...]

ein Pianola⁹ vermittelt Musik, das Grammofon die menschliche Stimme, die Bibliothek das Wissen ihrer Zeit. In einem Raum hämmert die Schreibmaschine, der zweite dient als Dunkelkammer, in der kinematografische und farbige Aufnahmen entwickelt werden. Der Geologe prüft das Gestein auf seine Radioaktivität, der Zoologe entdeckt neue Parasiten bei den gefangenen Pinguinen, meteorologische Observationen[10] wechseln mit physikalischen Experimenten; jedem Einzelnen ist Arbeit zugeteilt für die Monate der Dunkelheit und ein kluges System verwandelt die isolierte Forschung in gemeinsame Belehrung. Denn diese dreißig Menschen halten sich allabendlich Vorträge, Universitätskurse in Packeis und arktischem Frost, jeder sucht seine Wissenschaft dem andern zu vermitteln, und im regen Austausch des Gesprächs rundet sich ihnen die Anschauung der Welt. Die Spezialisierung der Forschung gibt hier ihren Hochmut auf und sucht Verständigung in der Gemeinsamkeit. Inmitten einer elementaren Urwelt, ganz einsam im Zeitlosen tauschen da dreißig Menschen die letzten Resultate des zwanzigsten Jahrhunderts miteinander und hier innen spürt man nicht nur die Stunde, sondern die Sekunde der Weltuhr. Es ist rührend zu lesen, wie diese ernsten Menschen dazwischen sich freuen können an ihrer Christbaumfeier, an den kleinen Späßen der „South Polar Times", der Scherzzeitung, die sie herausgeben, wie das Kleine – ein Wal, der auftaucht, ein Pony, das stürzt – zum Erlebnis wird und andererseits das Ungeheure – das glühende Nordlicht, der entsetzliche Frost, die gigantische Einsamkeit – zum Alltäglichen und Gewohnten.

Dazwischen wagen sie kleine Vorstöße. Sie proben ihre Automobilschlitten, sie lernen Skilaufen und dressieren die Hunde. Sie rüsten ein Depot für die große Reise, aber langsam, ganz langsam blättert nur der Kalender ab bis zum

---

[9] Elektrisch betriebenes Klavierspielgerät.
[10] Wissenschaftliche Beobachtungen in einem Observatorium (= Beobachtungsstation).

Im Schlafraum

Im Winterquartier:
Freitag, 20. Januar. Unsere Hütte, der wir übrigens noch keinen Namen gegeben haben, nimmt große Dimensionen an und streckt schon nach allen Seiten ihre Glieder aus. Bowers Anbau an der Südseite, ein Aufbewahrungsraum für schnell herbeizuschaffende Vorräte, Pelzsachen, überflüssige Kleidungsstücke usw. springt so weit vor, dass die Eingangsveranda der Hütte dadurch vollkommenen Schutz erhält. Auch die Ställe an der Nordseite sind so gut wie fertig; einer hat ein festes Dach erhalten und ist durchaus widerstandsfähig. Nelson hat einen kleinen Ausbau an der Ostseite und Simpson einen Vorsprung an der Südostecke. Ponting hat sich eine Dunkelkammer eingerichtet und alle Zimmermannsarbeit dazu mit staunenswerter Gewandtheit selbst ausgeführt; gestern brachte er noch in Zeit von einer Stunde ein Fenster darin an. Meares hat sich in das Grammofon verliebt, für das wir eine sehr schöne Auswahl Platten haben, und Rennick hat heute das Pianola aufgestellt, das, in einzelne Teile zerlegt, aus dem Schiff herübergebracht wurde, obgleich es sich

Sommer (dem Dezember), der ihnen das Schiff durch das Packeis bringt mit Briefen von zu Hause. Kleine Gruppen wagen auch jetzt schon, inmitten des grimmigsten Winters, abhärtende Tagesreisen, die Zelte werden erprobt, die Erfahrung gefestigt. Nicht alles gelingt, aber gerade die Schwierigkeiten geben ihnen neuen Mut. Wenn sie zurückkommen von ihren Expeditionen, erfroren und abgemüdet, so empfängt sie Jubel und warmer Herdglanz, und dies kleine, behagliche Haus am siebenundsiebzigsten Breitengrad scheint ihnen nach den Tagen der Entbehrung der seligste Aufenthalt der Welt.

Aber einmal kehrt eine Expedition von Westen zurück und ihre Botschaft wirft Stille ins Haus. Sie haben auf ihrer Wanderung Amundsens Winterquartier entdeckt: Mit einem Male weiß nun Scott, dass außer dem Frost und der Gefahr noch ein anderer ihm den Ruhm streitig macht, als Erster das Geheimnis der störrischen Erde entrafft zu haben: Amundsen, der Norweger. Er misst nach auf den Karten. Und man spürt sein Entsetzen aus den Zeilen nachschwingen, als er gewahr wird, dass Amundsens Winterquartier um hundertzehn Kilometer näher zum Pole postiert ist als das seine. Er erschrickt, aber ohne darum zu verzagen. „Auf, zur Ehre meines Landes!", schreibt er stolz in sein Tagebuch.

Ein einziges Mal taucht dieser Name Amundsen in seinen Tagebuchblättern auf. Und dann nicht mehr. Aber man spürt: Seit jenem Tage liegt ein Schatten von Angst über dem einsam umfrorenen Haus. Und es gibt fortan keine Stunde mehr, wo dieser Name nicht seinen Schlaf verängstigt und sein Wachen.

eigentlich nicht der Mühe verlohnt. [...] Auch Simpsons Eisgrotte ist schon fast fertig eingerichtet, mit lichtdichter Wandbekleidung, Nischen, Fußboden und allem, was zu seiner wissenschaftlichen Arbeit gehört, und unser Biologe Atkinson hat bereits eine Entdeckung gemacht: Auf dem Vorgebirge wurde ein schon ziemlich weit in der Mauserung vorgeschrittener Kaiserpinguin gefangen und in seinen Eingeweiden fanden sich Blasen eines Eingeweidewurms. Da dieser Schmarotzer wohl kaum von einem Wirt auf den andern übertragen sein kann, rechnet Atkinson auf eine Entdeckung von großer Bedeutung auf dem Gebiet der Parasitenkunde. [...]

Mittwoch, 22. Februar. Abends 10.00 Uhr. [...] Wie atmete ich auf, als ich zuletzt auch das dritte Zelt richtig im Sicherheitslager fand! Aber jede Begebenheit des heutigen Tages verblasste vor dem überraschenden Inhalt des Briefbeutels, den mir Atkinson übergab; er enthielt einen Brief von Campbell, der mir über seine Tätigkeit Bericht erstattete und mir unter anderm mitteilte, dass er in der Walfischbucht Amundsen im Winterquartier gefunden habe! Zweifellos ist Amundsens Erscheinen für meine Pläne eine ernstliche Störung. Sein Abstand vom Pol ist 110 Kilometer kürzer als der meinige und ich hätte nie gedacht, dass er so viele Hunde sicher auf die Eisbarriere hätte bringen können. Sein Plan, mit ihnen zu fahren, scheint ausgezeichnet; vor allem kann er seine Reise schon früh im Jahr antreten, was mit Ponys unmöglich ist. Ich weiß schon jetzt kaum, wie ich die Ponys von hier aus in Sicherheit bringe.

Aber gleichviel: Ich darf mich durch Amundsens Vorgehen nicht beirren lassen und bleibe bei meinem ursprünglichen Plan, als wenn ich nichts von Amundsen wüsste. Vorwärts also ohne Zaudern und Furcht und die beste Kraft eingesetzt zur Ehre meines Landes!

Montag, 8. Mai, bis Dienstag, 9. Mai. Montag Abend trug ich meine Pläne für die Schlittenfahrt zum Pol in großen Umris-

Aufbruch zum Pol
Eine Meile von der Hütte, auf dem Beobachtungshügel, löst sich ständig eine Wache ab. Ein Apparat ist dort aufgerichtet, einsam auf steiler Erhebung, einer Kanone ähnlich gegen unsichtbaren Feind: ein Apparat, um die ersten Wärmeerscheinungen der nahenden Sonne zu messen. Tagelang harren sie auf ihr Erscheinen. Über den morgendlichen Himmel zaubern Reflexe schon glühende Farbenwunder hin, aber noch schwingt sich die runde Scheibe nicht bis zum Horizont empor. Doch dieser Himmel schon, erfüllt mit dem magischen Licht ihrer Nähe, dieser Vorspiegel von Widerschein, befeuert die Ungeduldigen. Endlich klingelt das Telefon von der Hügelspitze herüber zu den Beglückten: Die Sonne ist erschienen, zum ersten Mal seit Monaten hat sie für eine Stunde ihr Haupt erhoben in die winterliche Nacht. Ganz schwach ist ihr Schimmer, ganz blässlich, kaum vermag er die eisige Luft zu beleben, kaum rühren ihre schwingenden Wellen in dem Apparat regere Zeichen an, doch der bloße Anblick löst schon Beglückung aus. Fieberhaft wird die Expedition gerüstet, um restlos die kurze Spanne Licht, die Frühling, Sommer und Herbst in einem bedeutet und für unsere lauen Lebensbegriffe noch immer ein grausamer Winter wäre, zu nützen. Voran sausen die Automobilschlitten. Hinter ihnen die Schlitten mit den sibirischen Ponys und Hunden. In einzelne Etappen ist der Weg vorsorglich aufgeteilt, alle zwei Tagesreisen wird ein Depot errichtet, um für die Rückkehrenden neue Bekleidung, Nahrung und das Wichtigste, Petroleum, zu bewahren, kondensierte Wärme im unendlichen Frost. Gemeinsam rückt die ganze Schar aus, um in einzelnen Gruppen allmählich zurückzukehren und so der letzten kleinen Gruppe, den erwählten Eroberern des Pols, das Maximum an Befrachtung, die frischesten Zugtiere und die besten Schlitten zu hinterlassen.

Meisterhaft ist der Plan ausgedacht, selbst das Missgeschick im Einzelnen vorausgesehen. Und das bleibt nicht sen vor. Natürlich interessierte das alle sehr. Meiner Meinung nach ist das Problem der Erreichung des Pols am besten dadurch zu lösen, dass man sich auf die Ponys und auf menschliche Zugkraft verlässt. Mit dieser Ansicht schien die ganze Gesellschaft einverstanden; alle misstrauen offenbar den Hunden, soweit es sich um Überwindung der Gletscher und der Höhen handelt. Ich habe jeden gebeten, über das Problem nachzudenken, es ungeniert zu erörtern und etwaige Vorschläge zu meiner Kenntnis zu bringen. [...]

Die ersten Automobile auf der Eisbarriere
Dienstag, 24. Oktober 1911. [...] Mir selbst liegt ungeheuer viel an dem Erfolg dieser Beförderungsmittel, auch wenn sie bei unserm Vordringen nach Süden keine große Hilfe sein sollten. Ein wenig Erfolg genügt schon, um ihre Möglichkeit, ihre Fähigkeit zur Umwälzung der ganzen Beförderungsart in Polargegenden zu zeigen. Wer die Motoren heute arbeiten sah, musste von ihrem Wert überzeugt sein, denn die bisherigen Defekte waren rein mechanischer Natur. Aber diese geringfügigen mechanischen Defekte und der sichtliche Mangel an Erfahrung zeigen auch, welch ein Risiko rücksichtsloses Drauflosfahren bedeutet. Eine kurze Probezeit und eine kleine, stets erreichbare Werkstatt werden über Erfolg oder Fehlschlag zu entscheiden haben. Jedenfalls werden wir noch vor unserm Aufbruch hören, ob ein gewisser Erfolg diesen bisher einzig dastehenden Versuch krönt. [...]

Freitag, 27. Oktober. [...] Die Motorschlitten sind keine Lebensfrage meines Planes. Wohl möglich, dass sie uns wenig Hilfe leisten, aber sie haben sich bereits Achtung erworben. Sogar auf die Seeleute, die immer sehr skeptisch gegen sie blieben, haben sie tiefen Eindruck gemacht. „Wenn die Dinger so laufen, was wollen Sie da noch mehr!", meinte Deckoffizier Evans. Aber wie bei allem Neuen, macht nur der unmittelbare Anblick ihrer Leistung wirklich Eindruck und Fernerstehende wird erst eine Zweihundertkilometerfahrt auf der Barriere vom Wert der Schlitten überzeugen können.

Scotts Motorschlitten

aus. Nach zwei Tagesreisen brechen die Motorschlitten nieder und bleiben liegen, ein unnützer Ballast. Auch die Ponys halten nicht so gut, als man erwarten konnte, aber hier triumphiert das organische über das technische Werkzeug, denn die Niedergebrochenen, die unterwegs erschossen werden müssen, geben den Hunden willkommene heiße, blutkräftige Nahrung und stärken ihre Energie.

Am 1. November 1911 brechen sie auf in einzelnen Trupps. Auf den Bildern sieht man die wundersame Karawane dieser erst dreißig, dann zwanzig, dann zehn und schließlich nur mehr fünf Menschen durch die weiße Wüste einer leblosen Urwelt wandern. Vorn immer ein Mann, eingemummt in Pelze und Tücher, ein wild barbarisches Wesen, dem nur der Bart und die Augen frei aus der Umhüllung lugen. Die bepelzte Hand hält am Halfter ein Pony, das seinen schwer beladenen Schlitten schleppt, und hinter ihm wieder ein anderer, in gleicher Kleidung und gleicher Haltung und hinter ihm wieder einer, zwanzig schwarze Punkte in wandelnder Linie in einem unendlichen,

Sonnabend, 4. November 1911. Lager 2. [...] „Days Motorzylinder Nr. 2 entzwei."

Und nach einem weitern Kilometer fanden wir, wie nun zu erwarten war, den Motor, seine Lastschlitten und was dazu gehörte. Zettel von Leutnant Evans und Day erzählten den Hergang: Der einzige Reservezylinder war zu Lashlys Motor verwendet worden; Days Maschine so zu demontieren, dass sie mit drei Zylindern hätte laufen können, würde zu lange gedauert haben. Also hatten sie sich entschlossen, diesen Motor im Stich zu lassen und mit dem andern allein weiterzufahren. Außer Petroleum und Öl hatten sie auch ihre sechs Futtersäcke und allerhand Kleinigkeiten mitgenommen. So ist denn der Traum, große Hilfe an den Motoren zu haben, vorbei! [...]

Sonntag, 5. November. Lager 3, „Ecklager". [...] Ein sehr konfuser Zettel von Leutnant Evans vom Morgen des 2. teilt mir mit, die Maximalgeschwindigkeit des Motors sei 13 Kilometer pro Tag. Sie haben neun Pressheusäcke mitgenommen, aber im Süden sehen wir drei schwarze Punkte – sollte das nicht der verlassene Motor mit seinen Lastschlitten sein? Welche Enttäuschung! Ich hatte mir mehr von den Motoren versprochen, seit ich sie auf der Barrierenoberfläche hatte dahinfahren sehen.

Der Appetit der Ponys ist recht launenhaft. Ölkuchen mögen sie nicht, wohl aber das hier zurückgelassene Pressheu; heute wollen sie aber auch davon nichts wissen. Zu dumm, dass sie jetzt nicht ordentlich fressen! Ich sehe schon, wie heißhungrig sie später sein werden. Der Chinese und Jehu werden wohl nicht weit kommen!

Montag, 6. November. Lager 4. Wir brachen in der gewöhnlichen Marschordnung auf, und zwar nahmen wir aus dem Ecklager ganze Lasten mit für den Fall, dass sich die schwarzen Punkte im Süden wirklich als unser Motor herausstellen sollten. Als wir nun dort anlangten, sah ich meine Befürchtungen vollauf bestätigt. Ein Zettel von Leutnant Evans teilte mir blendenden Weiß. Nachts wühlen sie sich in Zelte ein, Schneewälle werden gegraben in der Richtung des Windes, um die Ponys zu schützen, und morgens beginnt wieder der Marsch, eintönig und trostlos, durch die eisige Luft, die seit Jahrtausenden zum ersten Mal menschlicher Atem trinkt.

Aber die Sorgen mehren sich. Das Wetter bleibt unfreundlich, statt vierzig Kilometer können sie manchmal nur dreißig zurücklegen, und jeder Tag wird ihnen zur Kostbarkeit, seit sie wissen, dass unsichtbar in dieser Einsamkeit von einer anderen Seite ein anderer gegen das gleiche Ziel vorrückt. Jede Kleinigkeit schwillt hier zur Gefahr. Ein Hund ist entlaufen, ein Pony will nicht fressen – all dies ist beängstigend, weil hier in der Öde die Werte so furchtbar sich verwandeln. Hier wird jedes Lebensding tausendwertig, ja unersetzlich sogar. An den vier Hufen eines einzelnen Ponys hängt vielleicht die Unsterblichkeit, ein verwölkter Himmel mit Sturm kann eine Tat für die Ewigkeit verhindern. Dabei beginnt der Gesundheitszustand der Mannschaft zu leiden, einige sind schneeblind geworden, anderen sind Gliedmaßen erfroren, immer matter werden die Ponys, denen man die Nahrung kürzen muss, und schließlich, knapp vor dem Beardmoregletscher, brechen sie zusammen. Die traurige Pflicht muss erfüllt werden, diese wackeren Tiere, die hier in der Einsamkeit und darum Gemeinsamkeit zweier Jahre zu Freunden geworden sind, die jeder beim Namen kennt und hundertmal mit Zärtlichkeit überhäufte, zu töten. Das „Schlachthauslager" nennen sie den traurigen Ort. Ein Teil der Expedition spaltet sich an der blutigen Stätte ab und kehrt zurück, die andern rüsten nun zur letzten Anstrengung, zum grausamen Weg über den Gletscher, den gefährlichen Eiswall, mit dem sich der Pol umgürtet und den nur die Glut eines leidenschaftlichen Menschenwillens zersprengen kann.

Immer geringer werden ihre Marschleistungen, denn der Schnee körnt sich hier kräftig. Nicht ziehen müssen sie mehr den Schlitten, sondern schleppen. Das harte Eis mit, die bisherigen Mängel hätten sich wiederholt: Ein Zylinder war geplatzt, im Übrigen war die Maschine in Ordnung. Augenscheinlich sind die Motoren für dieses Klima nicht geeignet; doch ließe sich dem gewiss abhelfen. Eines ist jedenfalls erwiesen: Im Prinzip befriedigt diese Beförderungsart durchaus. Die Motorabteilung ist vorschriftsmäßig als Hilfsmannschaft weitergezogen.

Mittwoch, 29. November. Lager 25. Breite 82° 21'. […] Unser Ponyziel ist keine 130 Kilometer mehr entfernt; die Tiere sind zwar erschöpft, aber ich denke, dass alle noch Kraft zu fünftägiger Arbeit im Leibe haben; vielleicht sogar noch mehr. Auch der Chinese hat den Hunden vier Mahlzeiten geliefert; das ergibt von jedem weitern der acht Ponys einen ähnlichen Futterzuwachs. Demnach können wir hoffentlich die Hunde ausruhen lassen und sie gut füttern, um sie zur Heimreise zu benutzen. Wir könnten schon jetzt mit ihrer Hilfe und ohne viel Zeitverlust durchkommen, aber es ist sehr wünschenswert, dass den Leuten das schwere Schlittenziehen solange wie möglich erspart bleibe. So hoffe ich denn von Herzen, dass die nächsten 130 Kilometer noch in der gegenwärtigen Ordnung der Dinge zurückgelegt werden möchten. […]

Freitag, 1. Dezember. Lager 27. Breite 82° 47'. In wenigen Tagen ist es mit den Ponys aus – der Baron ausgenommen! Dennoch halten sie länger als ihr Futter. […]

Sonnabend, 9. Dezember. Lager 31. […] Um 8 Uhr abends waren wir etwa 2 Kilometer von dem Abhang, der zu der Schlucht hinaufführt, die Shackleton „das Einfahrtstor" getauft hat. Meine Hoffnung war gewesen, viel früher mit dem Rest der Ponys dieses Tor zu passieren, und wenn nicht der mörderische Orkan gewesen wäre, hätten wir das auch fertig gebracht. Ein schwerer Schlag für uns – aber verzweifelt ist darum unsere Lage noch nicht, wenn nur der Sturm den Weg da oben nicht rettungslos verdorben hat. […]

schneidet die Kufen, die Füße reiben sich wund im Wandern durch den lockeren Eissand. Aber sie geben nicht nach. Am 30. Dezember ist der siebenundachtzigste Breitengrad erreicht. Shackletons äußerster Punkt. Hier muss die letzte Abteilung umkehren: Nur fünf Erlesene dürfen mit bis zum Pol. Scott mustert die Leute aus. Sie wagen nicht zu widerstreben, aber das Herz wird ihnen schwer, so griffnah vom Ziel umkehren zu müssen und den Gefährten den Ruhm zu lassen, als Erste den Pol gesehen zu haben. Doch der Würfel der Wahl ist gefallen. Einmal noch schütteln sie einander die Hände, mit männlicher Anstrengung bemüht, ihre Rührung zu verbergen, dann löst sich die Gruppe. Zwei kleine, winzige Züge ziehen sie, die einen nach Süden zum Unbekannten, die anderen nach Norden, in die Heimat zurück. Immer wieder wenden sie von hüben und drüben den Blick, um noch die letzte Gegenwart eines Befreundet-Belebten zu spüren. Bald entschwindet die letzte Gestalt. Einsam ziehen sie weiter ins Unbekannte, die fünf Auserwählten der Tat: Scott, Bowers, Oates, Wilson und Evans.

Abends um 8 Uhr waren die Ponys alle miteinander völlig fertig; mühsam schlichen sie noch einige hundert Meter vorwärts. Um diese Zeit befand ich mich an der Spitze des Zuges; ich schleppte einen lächerlich leicht beladenen Schlitten hinter mir her und fand dennoch das Ziehen nur allzu schwer. Wir schlugen deshalb das Lager auf, das „Schlachthauslager", wie wir es nennen, denn wir haben alle Ponys erschossen! Die armen Tiere! Bedenkt man, was sie haben aushalten müssen, so haben sie Wunderbares geleistet und es wurde uns herzlich schwer, sie so bald töten zu müssen. Die Hunde laufen gut trotz des schlechten Weges, aber die Hilfe, die wir brauchen, sind sie nicht; ich kann ihnen auf solchem Schnee keine schweren Lasten aufbürden. Temperatur 7 Grad unter Null.

Geradewegs zum Pol

Mittwoch, 3. Januar. Lager 56. Höhe 3100 Meter. Temperatur 27 Grad unter Null. Meine Abteilung kam heute auf Schneeschuhen gut vorwärts trotz des schlechten Weges und des starken Windes; aber die andern zogen langsam und daher brachten wir nur wenig mehr als 22 Kilometer fertig. Nur noch 280 Kilometer vom Ziel! Und doch werden wir nicht alle hingelangen! Gestern Abend beschloss ich, unsere Gesellschaft neu auszumustern: Leutnant Evans, Lashly und Crean müssen umkehren. Sie wissen schon davon und es kommt ihnen schwer an, aber sie lassen es sich nicht merken. Bowers ist in unser Zelt übergesiedelt und wir ziehen morgen nur zu 5 Mann weiter. Wir haben 5½ Lebensmitteleinheiten – mehr als eine Monatsration für jede Person – und damit müssen wir auskommen. Wenn wir nur morgen mit der vollen Ladung gut marschieren können!? Ich bin in größter Unruhe darüber. Gelingt es – dann ist der Sieg unser!

Donnerstag, 4. Januar. Heute Morgen kamen wir natürlich erst spät fort. Das Gepäck der beiden Abteilungen musste getrennt und unser kleiner Schlitten neu beladen werden; er sieht geradezu zierlich aus, dank Deckoffizier Evans, obwohl

Der Südpol
Unruhiger werden die Aufzeichnungen in diesen letzten Tagen, wie die blaue Nadel des Kompasses beginnen sie zu zittern in der Nähe des Pols. „Wie endlos lang dauert das, bis die Schatten langsam um uns herumkriechen, von unserer rechten Seite nach vorn rücken und dann von vorn wieder nach links hinüberschleichen!" Aber zwischendurch funkelt immer heller die Hoffnung. Immer leidenschaftlicher verzeichnet Scott die bewältigten Distanzen: „Nur noch einhundertfünfzig Kilometer zum Pol, wenn das so weitergeht, halten wir's nicht aus", so meldet noch die Müdigkeit. Und zwei Tage später: „Noch einhundertsiebenunddreißig Kilometer zum Pol, aber sie werden uns bitter schwer werden." Aber dann plötzlich ein neuer, sieghafter Ton: „Nur noch vierundneunzig Kilometer zum Pol! Wenn wir nicht hingelangen, so kommen wir doch verteufelt nahe." Am 14. Januar wird die Hoffnung zur Sicherheit: „Nur noch siebzig Kilometer, das Ziel liegt vor uns!" Und am nächsten Tage lodert schon heller Jubel, fast Heiterkeit aus den Aufzeichnungen: „Nur noch lumpige fünfzig Kilometer, wir müssen hinkommen, koste es, was es wolle!" Man spürt bis ins Herz aus den beflügelten Zeilen, wie straff ihre Sehnen von der Hoffnung gespannt sind, wie alles in ihren Nerven bebt von Erwartung und Ungeduld. Die Beute ist nahe: Schon recken sie die Hände nach dem letzten Geheimnis der Erde. Nur noch ein letzter Ruck und das Ziel ist erreicht.

unsere ganze Habe darauf untergebracht ist. Ich war riesig gespannt, ob wir ihn auch würden bewegen können, und war glücklich, als er ganz leicht von der Stelle ging. Bowers, der zu Fuß geht, mag ziehen helfen, aber hinter Wilson und mir; er hat zu sorgen, dass er mitkommt und wird uns andere sicher nicht aus dem Takt bringen.

Die zweite Abteilung war für den Fall eines Missgeschicks noch ein Stück mitgegangen, doch sobald ich mich vergewissert hatte, dass die Bahn frei war, machten wir Halt und sagten ihnen Lebewohl. Leutnant Evans konnte seine Enttäuschung nicht verbergen, aber er war mir nicht gram und hielt sich männlich. Der arme alte Crean weinte und sogar Lashly war gerührt. Ich war sehr froh, dass ihnen ihr Schlitten federleicht vorkam, und zweifle daher nicht, dass sie den Rückweg schnell und glücklich überwinden werden.

Montag, 8. Januar. Lager 60. Wenn ich mir so meine Gefährten betrachte, kann ich gar nicht Lobes genug über sie finden! Jeder ist ein Muster von Pflichterfüllung! Wilson ist in erster Linie als Arzt stets darauf bedacht, die kleinen Schmerzen und Übelstände, die unser Leben mit sich bringt, zu lindern und sinnt dann als schneller, sorgfältiger und geschickter Koch auf immer neue Mittel, uns zum Kampf ums Dasein zu stärken; auf den Märschen ist er zäh wie Stahl, vom ersten bis zum letzten Schritt niemals erschlaffend.

Evans ist als Riese in der Arbeit und als Mann von erstaunlicher Urteilskraft gleich unschätzbar. Erst jetzt sehe ich, wie viel wir ihm zu verdanken haben! Unsere Fußbekleidung zu den Schneeschuhen und unsere Steigeisen waren uns absolut unentbehrlich, und wenn die Idee dazu auch nicht seinem Kopfe entsprang, so sind sie doch in jeder Einzelheit sein Werk. Er hatte die Verantwortung für die Schlitten und jedes Stück ihrer Ausrüstung, für Zelte, Schlafsäcke und Zaumzeug, und ich habe noch kein einziges Wort der Unzufriedenheit darüber gehört! Er überwacht das Aufschlagen des Zeltes und bestimmt das Beladen des Schlittens und es ist merkwürdig, wie zierlich und handgerecht er

Der sechzehnte Januar
„Gehobene Stimmung" verzeichnet das Tagebuch. Morgens sind sie ausgerückt, früher als sonst, die Ungeduld hat sie aus ihren Schlafsäcken gerissen, eher das Geheimnis, das furchtbar schöne, zu schauen. Vierzehn Kilometer legen die fünf Unentwegten bis mittags zurück, heiter marschieren sie durch die seelenlose, weiße Wüste dahin: Nun ist das Ziel nicht mehr zu verfehlen, die entscheidende Tat für die Menschheit fast getan. Plötzlich wird einer der Gefährten, Bowers, unruhig. Sein Auge brennt sich fest an einen klei-

alles darauf unterzubringen und wie klug er für die richtige Verteilung des Gewichts, für Geschmeidigkeit usw. des Schlittens zu sorgen weiß. Auf der Barriere, ehe die Ponys getötet wurden, war er morgens überall bei der Hand, um Fehler des Gepäcks zu verbessern.

Der kleine Bowers bleibt ein Wunder – ihm gefällt es gar zu gut hier unten! Ich überlasse ihm die ganze Proviantverwaltung und er weiß jederzeit genau, wie es mit unsern Lebensmitteln und mit denen der heimreisenden Abteilungen gerade steht. Es war ziemlich kompliziert, die Vorräte bei der mehrfachen Umgestaltung meiner Abteilung neu zu verteilen, aber es ist dabei kein einziges Versehen vorgekommen! Außerdem führt Bowers ein gewissenhaftes meteorologisches Journal und hat als Observator und als Fotograf alle Hände voll zu tun. Nichts macht ihn verdrießlich und keine Arbeit ist ihm zu schwer. Es ist ordentlich schwierig, ihn ins Zelt hineinzubringen; die Kälte scheint er gar nicht zu spüren, und wenn die andern längst schlafen, schreibt er noch oder arbeitet er seine Beobachtungen aus, wobei er sich in seinem Schlafsack wie ein Igel zusammenrollt.

Oates hat das Seine zu Lebzeiten der Ponys geleistet; jetzt ist er ein unermüdlicher Dauerläufer, besorgt seinen Teil der Lagerarbeit und erträgt das anstrengende Leben so gut wie nur einer von uns; auch ihn möchte ich nicht missen.

So sind wir fünf Leute vielleicht so glücklich ausgewählt, wie sich nur denken lässt.

Am Ziel – eine niederschmetternde Enttäuschung

Dienstag, 16. Januar 1912. Lager 68. Höhe 2970 Meter. Das Furchtbare ist eingetreten – das Schlimmste, was uns widerfahren konnte!

Wir machten am Vormittag einen guten Marsch und legten 14 Kilometer zurück. Die Mittagsobservation zeigte, dass wir uns auf 89° 42′ südlicher Breite befanden, und wir brachen am Nachmittag in sehr gehobener Stimmung auf, denn wir hatten das sichere Hochgefühl, morgen unser Ziel zu erreichen.

nen, dunklen Punkt in dem ungeheuren Schneefeld. Er wagt seine Vermutung nicht auszusprechen, aber allen zittert nun der gleiche furchtbare Gedanke im Herzen, dass Menschenhand hier ein Wegzeichen aufgerichtet haben könnte. Künstlich versuchen sie sich zu beruhigen. Sie sagen sich – so wie Robinson die fremde Fußspur auf der Insel vergebens erst als die eigene erkennen will –, dies müsse ein Eisspalt sein oder vielleicht eine Spiegelung. Mit zuckenden Nerven marschieren sie näher, noch immer versuchen sie sich gegenseitig zu täuschen, so sehr sie alle schon die Wahrheit wissen: dass der Norweger, dass Amundsen ihnen zuvorgekommen ist.

Bald zerbricht der letzte Zweifel an der starren Tatsache einer schwarzen Fahne, die an einem Schlittenständer hoch aufgerichtet ist, über den Spuren eines fremden, verlassenen Lagerplatzes – Schlittenkufen und die Abdrücke vieler Hundepfoten: Amundsen hat hier gelagert. Das Ungeheure, das Unfassbare in der Menschheit ist geschehen: Der Pol der Erde, seit Jahrtausenden unbeseelt, seit Jahrtausenden, und vielleicht seit allem Anbeginn ungeschaut vom irdischen Blick, ist in einem Molekül Zeit, ist innerhalb von fünfzehn Tagen zweimal entdeckt worden. Und sie sind die Zweiten – um einen einzigen Monat von Millionen Monaten zu spät –, die Zweiten in einer Menschheit, für die der Erste alles ist und der Zweite nichts. Vergebens also alle Anstrengung, lächerlich die Entbehrungen, irrsinnig die Hoffnungen von Wochen, von Monaten, von Jahren. „All die Mühsal, all die Entbehrung, all die Qual – wofür?", schreibt Scott in sein Tagebuch. „Für nichts als Träume, die jetzt zu Ende sind." Tränen treten ihnen in die Augen, trotz ihrer Übermüdung können sie die Nacht nicht schlafen. Missmutig, hoffnungslos, wie Verurteilte treten sie den letzten Marsch zum Pol an, den sie jubelnd zu erstürmen gedachten. Keiner versucht den andern zu trösten, wortlos schleppen sie sich weiter. Am 18. Januar erreicht Kapitän Scott mit seinen vier Gefährten den Pol. Da die Tat, der Erste gewesen zu sein, ihm nicht mehr den Blick blendet,

Nach der zweiten Marschstunde entdeckten Bowers' scharfe Augen etwas, das er für ein Wegzeichen hielt; es beunruhigte ihn, aber schließlich sagte er sich, es werde wohl ein Sastrugus[11] sein. In wortloser Spannung hasteten wir weiter – uns alle hatte der gleiche Gedanke, der gleiche furchtbare Verdacht durchzuckt und mir klopfte das Herz zum Zerspringen. Eine weitere halbe Stunde verging – da erblickte Bowers vor uns einen schwarzen Fleck! Ein natürliches Schneegebilde war das nicht – konnte es nicht sein – das sahen wir nur zu bald!

Geradewegs marschierten wir darauf los und was fanden wir? Eine schwarze, an einem Schlittenständer befestigte Fahne! In der Nähe ein verlassener Lagerplatz – Schlittengleise und Schneeschuhspuren kommend und gehend – und die deutlich erkennbaren Eindrücke von Hundepfoten – vieler Hundepfoten – das sagte alles!

Die Norweger sind uns zuvorgekommen – Amundsen ist der Erste am Pol!

Eine furchtbare Enttäuschung! Aber nichts tut mir dabei so weh, als der Anblick meiner armen, treuen Gefährten! All die Mühsal, all die Entbehrung, all die Qual – wofür? Für nichts als Träume – Träume über Tag, die jetzt – zu Ende sind.

Morgen müssen wir zum Pol – und dann mit der äußersten Schnelligkeit, die wir unsern Kräften abpressen können, zurück! Wir steigen jetzt abwärts – gewiss haben die Norweger auch einen leichten Weg hinauf gefunden!

An Ruhe war in dieser Nacht nicht zu denken! Schon die Aufregung ließ uns nicht schlafen, die Aufregung über diese Entdeckung – des schon entdeckten Pols! Alle Gedanken, die in uns aufstiegen, alle Worte, die fielen – alles endete mit dem Einen furchtbaren: Zu spät! Und als es dann stille wurde im Zelt – da brüteten wir gewiss alle über der einen finstern Vorstellung:

Mir graut vor dem Rückweg! –

---

[11] Schneeverwehung.

Amundsen am Südpol

sieht er nur mit stumpfen Augen das Traurige der Landschaft. „Nichts ist hier zu sehen, nichts, was sich von der schauerlichen Eintönigkeit der letzten Tage unterschiede" – das ist die ganze Beschreibung, die Robert F. Scott vom Südpol gibt. Das einzige Seltsame, das sie dort entdecken, ist nicht von Natur gestaltet, sondern von feindlicher Menschenhand: Amundsens Zelt mit der norwegischen Flagge, die frech und siegesfroh auf dem erstürmten Walle der Menschheit flattert. Ein Brief des Konquistadors[12]

---

[12] Eroberer.

SCOTTS TAGEBUCH

Mittwoch, 17. Januar. Lager 69. Temperatur beim Aufbruch 30 Grad, in der Nacht 29 1/2 Grad.

– *Der Südpol.* –

Unter wie anderen Umständen hatten wir diesen Augenblick seit Monaten herbeigesehnt! Ein grauenhafter Tag liegt hinter uns – einmal die Enttäuschung, dann ein Wind, der bei 30 Grad Kälte mit Stärke 4 bis 5 uns entgegenwehte. [...]

Sonst ist hier nichts zu sehen – nichts, was sich von der schauerlichen Eintönigkeit der letzten Tage unterschiede. Großer Gott! Und an diesen entsetzlichen Ort haben wir uns mühsam hergeschleppt und erhalten als Lohn nicht einmal das Bewusstsein, die Ersten gewesen zu sein!

Doch – es ist immerhin etwas, so weit vorgedrungen zu sein, und der Wind mag sich morgen als unser Freund erweisen. Trotz unseres Ingrimms und Kummers haben wir ein fettes Polarragout verspeist und fühlen uns innerlich ganz behaglich – als Extraspeise gab es eine Tafel Schokolade und den ungewohnten Genuss einer Zigarette, die Wilson bis hier-

Scotts Gruppe am Südpol: (von links) Wilson, Scott, Oates (stehend), Bowers, Evans (sitzend)

wartet hier auf jenen unbekannten Zweiten, der nach ihm diese Stelle betreten würde, und bittet das Schreiben an König Haakon von Norwegen zu befördern. Scott nimmt es auf sich, diese härteste Pflicht treulich zu erfüllen: Zeuge zu sein vor der Welt für eine fremde Tat, die er als eigene glühend erstrebt.

Traurig stecken sie die englische Flagge, den „zu spät gekommenen Union Jack", neben Amundsens Siegeszeichen. Dann verlassen sie den „treulosen Ort ihres Ehrgeizes", kalt fährt der Wind ihnen nach. Mit prophetischem Argwohn schreibt Scott in sein Tagebuch: „Mir graut vor dem Rückweg."

her mitgebracht hatte. Jetzt handelt es sich um schleunigen Rückmarsch! Es gilt einen verzweifelten Kampf!

Donnerstagmorgen, 18. Januar. [...] Dieses Zelt haben wir eben erreicht. Es ist 3 1/2 Kilometer von unserem Lager, also 2 3/4 Kilometer vom Pol entfernt und enthielt einen Bericht über die Anwesenheit der Norweger, die fünf Mann hoch hier gewesen sind; der Bericht lautet:
"Roald Amundsen – Olav Olavson Bjaaland
Hilmer Hanssen – Sverre H. Hassel – Oscar Wisting.
16. Dezember 1911."
Das Zelt ist hübsch – ein kleines, kräftiges Ding, das nur von einer einzigen Bambusstange gestützt wird. Ein Zettel Amundsens bittet mich einen Brief an König Haakon zu befördern! Ich stecke ihn zu mir. [...]
Ich hinterließ in demselben Zelt einen Zettel mit der Mitteilung, dass ich mit meinen Gefährten hier gewesen sei. Bowers fotografiert und Wilson ist mit Skizzenzeichnen beschäftigt. Seit dem zweiten Frühstück sind wir 11 1/2 Kilometer südsüdöstlich nach dem Kompass (d. h. nordwärts) marschiert. Die Mittagsobservation ergab, dass wir nur einen oder anderthalb Kilometer vom Pol entfernt waren; daher nennen wir dieses Lager das Pollager.

Hier errichteten wir ein Wegzeichen, steckten unsere Flagge, den armen, zu spät gekommenen "Union Jack", auf und fotografierten uns – alles eine mächtig kalte Arbeit! [...]

Ich glaube sagen zu können: Der Südpol liegt ungefähr 2900 Meter hoch; merkwürdig genug, wenn man bedenkt, dass wir uns auf dem 88. Breitengrad etwa 3200 Meter hoch befunden haben. – [...]

Offenbar sind die Norweger am 15. Dezember am Pol angelangt und am 17. wieder abgezogen, also schon vor dem Datum, das ich in London als ideal bezeichnet hatte, nämlich vor dem 22. Dezember.

Wir aber haben jetzt dem treulosen Ziel unseres Ehrgeizes den Rücken gekehrt. Vor uns liegt eine Strecke von 1500 Kilo-

Der Zusammenbruch
Der Heimmarsch verzehnfacht die Gefahren. Am Wege zum Pol wies sie der Kompass. Nun müssen sie achten, bei der Rückkehr außerdem noch die eigene Spur nicht zu verlieren, wochenlang nicht ein einziges Mal zu verlieren, um nicht von den Depots abzukommen, wo ihre Nahrung liegt, ihre Kleidung und die aufgestaute Wärme in den paar Gallonen[13] Petroleum. Unruhe überkommt sie darum bei jedem Schritt, wenn Schneetreiben ihnen den Blick verklebt, denn jede Abirrung geht geradeaus in den sicheren Tod. Dabei fehlt schon ihren Körpern die unabgenützte Frische des ersten Marsches, da sie noch geheizt waren von den chemischen Energien reichlicher Nahrung, vom warmen Quartier ihrer antarktischen Heimat.

Und dann: Die Stahlfeder des Willens ist gelockert in ihrer Brust. Beim Hinmarsch straffte die überirdische Hoffnung, einer ganzen Menschheit Neugier und Sehnsucht zu verkörpern, ihre Energien heroisch zusammen, Übermenschliches an Kraft ward ihnen durch das Bewusstsein unsterblicher Tat. Nun kämpfen sie um nichts als die heile Haut, um ihre körperliche, ihre sterbliche Existenz, um eine ruhmlose Heimkehr, die ihr innerster Wille vielleicht mehr fürchtet als ersehnt.

Furchtbar sind die Notizen aus jenen Tagen zu lesen. Das Wetter wird ständig unfreundlicher, früher als sonst hat der Winter eingesetzt und der weiche Schnee krustet sich dick unter ihren Schuhen zur Fußangel, darin sich ihre Schritte verfangen, und der Frost zermürbt die ermüdeten Körper. Immer ist's ein kleiner Jubel darum, wenn sie wieder ein Depot erreichen nach tagelangem Irren und Zagen, immer flackert dann wieder eine flüchtige Flamme von Vertrauen

---

[13] Englisch-amerikanisches Hohlmaß.

metern mühsamer Wanderung – 1500 Kilometer trostlosen Schlittenziehens – 1500 Kilometern Entbehrung, Hunger und Kälte. Wohlan! Traum meiner Tage – leb wohl!

Der Tod im Lager

Mittwoch, 14. Februar. [...] Eine furchtbare Tatsache, aber unleugbar: Wir können nicht mehr gut marschieren! Wahrscheinlich keiner von uns! Wilsons Bein schmerzt noch und er wagt sich nicht mehr auf die Schneeschuhe. Aber am schlimmsten steht es mit Evans! Heute Morgen entdeckte er plötzlich eine riesige Beule an seinem Fuß und auf dem Marsch mussten wir ihm die Steigeisen immer wieder zurechtschieben – lange, kostbare Minuten, die wir nicht wieder einbringen können! Ginge es nur erst, wie heute Nachmittag, gleichmäßig auf Schneeschuhen vorwärts, dann könnte er sich wohl wieder erholen! Er ist hungrig und Wilson auch. Aber wir dürfen es nicht wagen, mehr Lebensmittel zu verbrauchen, und ich, gegenwärtig Koch, bringe immer etwas weniger als die ganze Ration auf den Tisch. Wir sind schlaff und langsam bei der Lagerarbeit – das gibt neue Verzögerungen! Ich habe heute Abend den andern eindringlich zugesprochen – hoffentlich wird es nun besser damit. [...]

Freitag, 16. Februar. Wir sind in entsetzlicher Aufregung: Unser Evans scheint geistesgestört! Der sonst so selbstbewusste Mann ist ganz verändert; heute Morgen und auch heute Nachmittag ließ er auf einmal unter lächerlichen Vorwänden Halt machen! Wir leben von knappsten Rationen und bis morgen Abend müssen unsere Lebensmittel reichen! Mehr als 18 oder 22 Kilometer können es nicht mehr bis zum Depot sein. Aber das Wetter ist uns in jeder Weise feindlich. Nach dem zweiten Frühstück waren wir wie in Schneelaken eingehüllt, das Land war nur noch eben undeutlich in der Ferne sichtbar. Ereignisse wie die heutigen werden wir zeitlebens nicht vergessen! Vielleicht wird alles noch gut, wenn wir unser Depot morgen ziemlich früh erreichen! Aber mit dem kranken Manne unter uns – ? – [...]

in ihren Worten auf. Und nichts bezeugt grandioser den geistigen Heroismus dieser paar Menschen in der ungeheuren Einsamkeit, als dass Wilson, der Forscher, selbst hier, haarbreit vom Tod, seine wissenschaftlichen Beobachtungen fortsetzt und auf seinem eigenen Schlitten zu all der notwendigen Last noch sechzehn Kilogramm seltner Gesteinsarten mitschleppt.

Aber allmählich unterliegt der menschliche Mut der Übermacht der Natur, die hier unerbittlich und mit durch Jahrtausende gestählter Kraft gegen die fünf Verwegenen alle Mächte des Untergangs, Kälte, Frost, Schnee und Wind, heraufbeschwört. Längst sind die Füße zerschunden und der Körper, ungenügend geheizt von der einmaligen warmen Mahlzeit, geschwächt durch die verminderten Rationen, beginnt zu versagen. Mit Schrecken erkennen die Gefährten eines Tages, dass Evans, der Kräftigste unter ihnen, plötzlich fantastische Dinge unternimmt. Er bleibt am Wege zurück, klagt unaufhörlich über wirkliche und eingebildete Leiden; schaudernd entnehmen sie seinem seltsamen Gerede, dass der Unglückselige infolge eines Sturzes oder der entsetzlichen Qualen wahnsinnig geworden ist. Was mit ihm beginnen? Ihn verlassen in der Eiswüste? Aber andererseits müssen sie das Depot ohne Verzögerung erreichen, sonst – Scott selbst zögert noch, das Wort hinzuschreiben. Um ein Uhr nachts, am 17. Februar, stirbt der unglückliche Offizier, knapp einen Tagesmarsch vor jenem „Schlachthauslager", wo sie zum ersten Mal wieder reichlichere Mahlzeit von dem vormonatigen Massaker[14] ihrer Ponys vorfinden.

---

[14] Gemetzel.

Sonnabend, 17. Februar. Ein grauenvoller Tag! Evans sah, nachdem er gut geschlafen hatte, ein wenig wohler aus und versicherte, wie immer, dass es ihm sehr gut gehe. Er marschierte vor den Schlitten gespannt mit uns ab, verlor aber nach einer halben Stunde den Halt auf den Schneeschuhen und musste abgeschirrt werden. Die Oberfläche war scheußlich, der kürzlich gefallene weiche Schnee blieb bei jedem Schritt in großen Klumpen an den Schuhen und Schlittenkufen hängen, der Schlitten ächzte unter den Stößen, der Himmel war bedeckt und das Land verschwommen. Nach etwa einer Stunde machten wir Halt und Evans holte uns ein, aber sehr, sehr langsam. Nach einer halben Stunde blieb er wieder zurück und bat Bowers noch, ihm ein Ende Bindfaden zu leihen. Ich riet ihm, uns möglichst schnell nachzukommen, und er versprach es in einem, wie mir schien, heitern Tone. Als wir dem Monumentfelsen gegenüber waren, sahen wir Evans noch sehr weit zurück; ich ließ deshalb das Lager aufschlagen.

Anfangs waren wir gar nicht unruhig, brühten Tee auf und setzten uns zum Essen. Als sich dann aber Evans immer noch nicht einstellte, schauten wir aus dem Zelt und sahen ihn noch weit entfernt. Jetzt packte uns die Aufregung und wir liefen alle vier auf Schneeschuhen zu ihm hin. Ich langte zuerst bei ihm an und war entsetzt über sein Aussehen: Mit aufgerissenem Anzug lag er auf den Knien, die Hände waren nackt und erfroren und in seinen Augen war ein wilder Blick! Als ich ihn fragte, was ihm fehle, antwortete er in schleppendem Tone, er wisse nicht, was mit ihm sei, aber er habe wohl einen Ohnmachtsanfall gehabt. Wir richteten ihn auf, aber nach zwei oder drei Schritten sank er wieder auf den Schnee und zeigte alle Symptome vollständigen Zusammenbruchs. Wilson, Bowers und ich liefen zurück, um den Schlitten zu holen, während Oates bei ihm blieb. Als wir zurückkehrten, war er ohne Bewusstsein, und als wir ihn ins Zelt gebracht hatten, schien er vollkommen schlafsüchtig.

Er erwachte nicht wieder: Um $1/2 1$ Uhr in der Nacht ist er gestorben. [...] Furchtbar, einen Kameraden so verlieren zu

Zu viert nun nehmen sie den Marsch auf, aber Verhängnis! Das nächste Depot bringt neue herbe Enttäuschung. Es enthält zu wenig Öl und das heißt: Sie müssen mit dem Notwendigsten, mit Brennmaterial haushalten, müssen mit Wärme sparen, der einzigen wehrhaften Waffe gegen den Frost. Eiskalte, sturmumrüttelte Nacht und mutloses Erwachen, kaum haben sie die Kraft mehr, sich die Filzschuhe über die Füße zu stülpen. Aber sie schleppen sich weiter, der eine von ihnen, Oates, schon auf abfrierenden Zehen. Der Wind weht schärfer als je und im nächsten Depot, am 2. März, wiederholt sich die grausame Enttäuschung: Wiederum ist zu wenig Brennmaterial vorhanden.

Nun fährt die Angst bis in die Worte hinein. Man spürt, wie Scott sich bemüht, das Grauen zu verhalten, aber immer wieder stößt schrill ein Schrei der Verzweiflung nach dem andern seine künstliche Ruhe durch. „So darf es nicht weitergehn", oder „Gott steh uns bei! Diesen Anstrengungen sind wir nicht mehr gewachsen" oder „Unser Spiel geht tragisch aus", und schließlich die grauenhafte Erkenntnis: „Käme uns doch die Vorsehung zu Hilfe! Von Menschen haben wir jetzt keine mehr zu erwarten." Aber sie schleppen sich weiter und weiter, ohne Hoffnung, mit verbissenen Zähnen. Oates kann immer schlechter mitwandern, er ist für seine Freunde immer mehr Last als Hilfe. Sie müssen bei einer Mittagstemperatur von zweiundvierzig Grad den Marsch verzögern und der Unglückselige spürt und weiß, dass er seinen Freunden Verhängnis bringt. Schon bereiten sie sich auf das Letzte vor. Sie lassen sich von Wilson, dem Forscher, jeder zehn Morphiumtabletten aushändigen, um gegebenenfalls ihr Ende zu beschleunigen. Noch einen Tagesmarsch versuchen sie es mit dem Kranken. Dann verlangt der Unglückliche selbst, sie mögen ihn in seinem Schlafsack zurücklassen und ihr Schicksal von dem seinen trennen. Sie weisen den Vorschlag energisch zurück, wiewohl sie alle darüber klar sind, dass er für sie eine Erleichterung bedeuten würde. Ein paar Kilometer taumelt der Kranke auf seinen erfrorenen Beinen müssen! Aber bei ruhigem Nachdenken mussten wir Übrigen uns sagen: Immer noch ein Glück, dass die entsetzlichen Aufregungen der letzten Woche gerade *so* endeten. Mit einem Schwerkranken so weit reisen zu müssen, wäre für uns alle eine verzweifelte, rettungslose Sache gewesen!

Um 1 Uhr nachts packten wir zusammen, zogen über die Presseisrücken abwärts und fanden das untere Gletscherdepot ohne Mühe. [...]

Montag, 4. März. [...] Noch hat keiner von uns den Mut verloren, wenigstens scheint jeder ganz vergnügt. Augenblicklich ist die Temperatur um 29 Grad herum, was uns sehr wohl tut, aber bald muss es wieder kälter werden und ich fürchte, Oates wird einen Wettersturz sehr schlecht vertragen! Käme uns doch die Vorsehung zu Hilfe! Von Menschen haben wir jetzt keine mehr zu erwarten. *Eine* Möglichkeit der Rettung besteht: Es könnte im nächsten Depot vielleicht noch Extraproviant liegen geblieben sein! Aber wenn wir dort wieder zu wenig Brennmaterial vorfinden? – Und ob wir überhaupt hinkommen? Welch lächerliche Entfernung wäre uns das auf der Höhe erschienen! Ich wäre längst verzweifelt, wenn nicht Wilson und Bowers so tapfern und guten Mutes in allem wären!

Dienstag, 5. März. [...] Wir können einander nicht helfen – jeder hat genug mit sich allein zu tun. „Gott helfe uns!", kann man nur sagen und sich dann frierend und niedergeschlagen auf seinem ermüdenden Wege weiterschleppen mit dem furchtbaren Bewusstsein, dass wir ja doch viel, viel zu langsam vorwärts kommen. Aber wenn wir im Zelt beisammen sind, scheinen wir noch alle heiter und guten Mutes und reden von allem Möglichen, vom Essen jetzt weniger, seit wir uns entschlossen haben, volle Rationen zu wagen; wir konnten in dieser Lage einfach nicht länger hungrig umherlaufen. Es ist ein gefährliches Spiel, aber wir werden es mit Mut zu Ende führen.

[...]

noch mit bis zum Nachtquartier. Er schläft mit ihnen bis zum nächsten Morgen. Sie blicken hinaus: Draußen tobt ein Orkan.

Plötzlich erhebt sich Oates: „Ich will ein wenig hinausgehen", sagt er zu den Freunden. „Ich bleibe vielleicht eine Weile draußen." Die andern zittern. Jeder weiß, was dieser Rundgang bedeutet. Aber keiner wagt ein Wort, um ihn zurückzuhalten. Keiner wagt, ihm die Hand zum Abschied zu bieten, denn sie fühlen alle mit Ehrfurcht, dass der Rittmeister Lawrence J. E. Oates von den Inniskilling-Dragonern wie ein Held dem Tode entgegen geht.

Donnerstag, 7. März. Lager R 49. Oates geht es sehr schlecht; ich kann seinen Heldenmut nicht genug bewundern. Wir unterhalten uns noch darüber, was wir alles zusammen vornehmen wollen, wenn wir erst wieder zu Hause sind. – […]

Sonntag, 10. März. Oates fragte heute Morgen Wilson, ob für ihn noch eine Möglichkeit der Genesung vorhanden sei; natürlich musste Bill sagen, dass er es glaube. In Wahrheit gibt es keine mehr. Und ob wir andern durchkommen? Im besten Fall können wir noch eine Weile ein Hundeleben führen, aber mehr auch nicht. Unsere Kleider sind so vereist, dass wir sie kaum noch an- und ausziehen können, und der arme Titus hält uns des Morgens so lange auf, dass der wärmende Einfluss des guten Frühstücks sich schon wieder verloren hat, während wir uns unbedingt sofort nach dem Aufstehen auf den Weg machen müssten; und beim zweiten Frühstück ist es dieselbe Geschichte. Der arme Mensch! Es ist zu traurig mit ihm; und doch muss man immer wieder versuchen ihn aufzuheitern.

Gestern haben wir das Depot am Mount Hooper erreicht. Kalter Trost! Von allem zu wenig vorhanden!

[…]

Montag, 11. März. Oates ist seinem Ende nahe. Was wir tun werden – was er tun wird, weiß Gott allein. Wir besprachen die Sache nach dem ersten Frühstück; er ist ein tapferer, guter Mensch und klar über seine Lage, aber er fragte uns tatsächlich um Rat. Was konnten wir ihm anders sagen, als ihn dringend bitten, so weit mit zu marschieren, wie er irgend fortkönne. *Ein* gutes Resultat hatte aber diese Beratung: Ich befahl Wilson energisch, uns die Mittel zur Beendigung unserer Qual auszuhändigen, damit jeder wisse, was er im Notfall zu tun habe. Wilson blieb keine Wahl, wenn er nicht den Medizinkasten von uns geplündert sehen wollte. Wir haben jetzt jeder 30 Opiumtabletten und er hat eine Tube Morphium behalten. Unser Spiel geht tragisch aus.

Drei müde, geschwächte Menschen schleppen sich durch die endlose, eisig-eiserne Wüste, müde schon, hoffnungslos, nur der dumpfe Instinkt der Selbsterhaltung spannt noch die Sehnen zu wankendem Gang. Immer furchtbarer wird das Wetter, bei jedem Depot höhnt sie neue Enttäuschung, immer zu wenig Öl, zu wenig Wärme. Am 21. März sind sie nur noch zwanzig Kilometer von einem Depot entfernt, aber der Wind weht mit so mörderischer Kraft, dass sie ihr Zelt nicht verlassen dürfen. Jeden Abend hoffen sie auf den nächsten Morgen, um das Ziel zu erreichen, indes schwindet der Proviant und die letzte Hoffnung mit ihm. Der Brennstoff ist ihnen ausgegangen und das Thermometer zeigt vierzig Grad unter Null. Jede Hoffnung erlischt: Sie haben jetzt nur noch die Wahl zwischen Tod durch Hunger oder Frost. Acht Tage kämpfen diese drei Menschen in einem kleinen Zelt inmitten der weißen Urwelt gegen das unabwendbare Ende. Am 29. März wissen sie, dass kein Wunder mehr sie retten kann. So beschließen sie, keinen Schritt dem Verhängnis entgegen zu gehen und den Tod stolz wie alles andere Unglück zu erdulden. Sie kriechen in ihre Schlafsäcke und von ihren letzten Leiden ist nie ein Seufzer in die Welt gedrungen.

Donnerstag, 14. März. [...] Der arme Oates hat sich wieder den Fuß erfroren; mir graut, wenn ich daran denke, wie er morgen aussehen wird. Nur mit der größten Mühe bewahren wir andern uns vor erfrorenen Gliedern. Niemand von uns ist je darauf verfallen, dass es um diese Zeit des Jahres hier solche Temperaturen und Winde geben könne! Außerhalb des Zeltes ist es wirklich fürchterlich. Doch wir müssen es ausfechten – bis zum letzten Stück Schiffszwieback; aber die Rationen können wir nicht verringern.

Sonnabend, 16., oder Sonntag, 17. März. Ich bin mir über das Datum nicht ganz klar, glaube aber, das letztere wird richtig sein.

Die Tragödie ist in vollem Gange. Vorgestern erklärte der arme Titus (Oates) beim zweiten Frühstück, er könne nicht mehr weiter, und machte uns den Vorschlag, ihn in seinem Schlafsack zurückzulassen. Davon konnte natürlich keine Rede sein und wir bewogen ihn, uns noch auf dem Nachmittagsmarsch zu begleiten. Es muss eine entsetzliche Qual für ihn gewesen sein! Trotzdem taumelte er mit und wir schleppten uns noch einige Kilometer weiter. In der Nacht wurde es mit ihm schlechter und wir sahen, dass es zu Ende ging.

Sollte dieses mein Tagebuch gefunden werden, so bitte ich um die Bekanntgabe folgender Tatsachen: Oates' letzte Gedanken galten seiner Mutter; unmittelbar vorher sprach er mit Stolz davon, dass sein Regiment sich über den Mut freuen werde, mit dem er dem Tode entgegen gehe. Wir drei können seine Tapferkeit bezeugen. Wochenlang hat er unaussprechliche Schmerzen klaglos ertragen und war tätig und hilfsbereit bis zum letzten Augenblick. Bis zum Schluss hat er die Hoffnung nicht aufgegeben – nicht aufgeben wollen. Er war eine tapfere Seele und dies war sein Ende: Er schlief die vorletzte Nacht ein in der Hoffnung, nicht wieder zu erwachen; aber er erwachte doch am Morgen – gestern! Draußen tobte ein Orkan.

„Ich will einmal hinausgehen", sagte er, „und bleibe vielleicht eine Weile draußen."

Scotts letzte Fahrt

Filmplakat:
Evans
Zusammenbruch

mit John Mills,
Diana Churchill,
Harold Warrender

Regie: Charles Frend

METEOR

Ein Farbfilm in Technicolor

Dann ging er in den Orkan hinaus – und wir haben ihn nicht wieder gesehen.

Ich möchte es hier aussprechen, dass wir unsern beiden erkrankten Kameraden bis an ihr Ende treu beigestanden haben. Als Edgar Evans todkrank war, wir absolut nichts mehr zu essen hatten und er ohne Bewusstsein dalag, schien die Sicherheit der andern sein Zurücklassen zu erfordern; aber die Vorsehung hat ihn gnädig gerade in jenem kritischen Augenblick dahingerafft. Er starb eines natürlichen Todes und wir verließen ihn erst zwei Stunden, nachdem er gestorben war. Wir wussten, dass der arme Oates in seinen Tod hinausging, wir versuchten auch es ihm auszureden, aber er handelte als Held und als englischer Gentleman. Wir drei Übrigen hoffen, unserm Ende mit ähnlichem Mut entgegen zu gehen, und dieses Ende ist sicherlich nicht mehr weit. [...]

Montag, 18. März. Mein rechter Fuß ist erfroren, beinahe alle Zehen – noch vor zwei Tagen war ich der stolze Besitzer der besten Füße. So brechen wir allmählich zusammen. [...]

Bowers ist, was seine Gesundheit anlangt, Nummer Eins, aber große Auswahl ist schließlich unter uns nicht mehr. Die andern glauben noch, dass wir durchkommen – oder stellen sich vielleicht nur so – ich weiß es nicht! Wir haben den Primus noch einmal halb voll gegossen, das letzte Mal, und sonst haben wir nur noch ein wenig Spiritus – dann müssen wir verdursten. Der Wind ist augenblicklich günstig – vielleicht hilft er uns. Die Entfernung bis zum Depot wäre uns auf der Hinreise lächerlich klein erschienen.

Dienstag, 19. März. Heute brachen wir in der gewöhnlichen schleppend langsamen Weise auf. Der Schlitten war gräulich schwer. Wir sind 29 Kilometer vom Depot entfernt und könnten in drei Tagen hinkommen. Das sind Fortschritte! Wir haben noch auf zwei Tage Lebensmittel, aber nur noch auf einen Tag Brennmaterial. Alle unsere Füße werden schlimm – die Wilsons sind noch am besten, mein rechter am schlechtesten, nur mein linker ist ganz in Ordnung. Aber wie sollen wir

Die Briefe des Sterbenden
In diesen Augenblicken, einsam gegenüber dem unsichtbaren und doch atemnahen Tod, während außen der Orkan an die dünnen Zeltwände wie ein Rasender anrennt, besinnt sich Kapitän Scott aller Gemeinsamkeit, der er verbunden ist. Allein im eisigsten Schweigen, das noch nie die Stimme eines Menschen durchatmet, wird ihm die Brüderschaft zu seiner Nation, zur ganzen Menschheit heroisch bewusst. Eine innere Fata Morgana[15] des Geistes beschwört in diese weiße Wüste die Bilder all jener, die ihm durch Liebe, Treue und Freundschaft jemals verbunden waren, und er richtet das Wort an sie. Mit erstarrenden Fingern schreibt Kapitän Scott, schreibt Briefe aus der Stunde seines Todes an alle Lebendigen, die er liebt.

Wundervoll sind diese Briefe. Alles Kleinliche ist in ihnen vor der gewaltigen Nähe des Todes abgetan, die kristallene Luft dieses unbelebten Himmels scheint in sie eingedrungen. An Menschen sind sie gerichtet und sprechen doch zur ganzen Menschheit. An eine Zeit sind sie geschrieben und sprechen für die Ewigkeit.

---

[15] Durch Luftspiegelung hervorgerufenes Bild.

unsere Füße schonen, ehe wir das Depot erreicht haben und uns wieder mit warmem Essen pflegen können? Amputation ist jetzt noch das Mindeste, worauf ich mich gefasst machen muss; aber wird das Übel nicht weitergehen? Das ist die ernste Frage. Das Wetter bietet uns keine Erleichterung – der Wind weht heute aus Nord und Nordwest und die Temperatur beträgt 40 Grad.

[...]

Freitag, 22., und Sonnabend, 23. März. Der Orkan wütet immer fort – Wilson und Bowers konnten sich nicht hinauswagen – morgen ist die letzte Möglichkeit – kein Brennstoff mehr und nur noch auf einen, höchstens zwei Tage Nahrung – das Ende ist nahe. Wir haben beschlossen, eines natürlichen Todes zu sterben – wir wollen mit unsern Sachen oder auch ohne sie zum Depot marschieren und auf unserer Spur zusammenbrechen.

Freitag, 29. März. Seit dem 21. hat es unaufhörlich aus Westsüdwest und Südwest gestürmt. Wir hatten am 20. noch Brennstoff, um jedem zwei Tassen Tee zuzubereiten, und trockene Kost auf zwei Tage. Jeden Tag waren wir bereit, nach unserm nur noch 20 Kilometer entfernten Depot zu marschieren, aber draußen vor der Zelttür ist die ganze Landschaft ein durcheinander wirbelndes Schneegestöber. Ich glaube nicht, dass wir jetzt irgendwie auf Besserung hoffen können. Aber wir werden bis zum Ende aushalten; freilich werden wir schwächer und der Tod kann nicht mehr fern sein.

Es ist ein Jammer, aber ich glaube nicht, dass ich noch weiter schreiben kann. *R. Scott*

Letzte Eintragung
Um Gottes willen – sorgt für unsere Hinterbliebenen!

Er schreibt an seine Frau. Er mahnt sie, das höchste Vermächtnis, seinen Sohn, zu hüten, er legt ihr nahe, ihn vor allem vor Schlappheit zu bewahren, und bekennt von sich selbst am Ende einer der erhabensten Leistungen der Weltgeschichte: „Ich musste mich, wie du weißt, zwingen, strebsam zu werden – ich hatte immer Neigung zur Trägheit." Eine Handbreit vor dem Untergang rühmt er noch, statt zu bedauern, den eigenen Entschluss. „Was könnte ich dir alles von dieser Reise erzählen. Und wie viel besser war sie doch, als daheim zu sitzen in zu großer Bequemlichkeit."

Und er schreibt in treuester Kameradschaft an die Frau und die Mutter seiner Leidensgefährten, die mit ihm den Tod erlitten haben, um Zeugnis abzulegen für ihr Heldentum. Er tröstet, selbst ein Sterbender, die Hinterbliebenen der andern mit seinem starken und schon übermenschlichen Gefühl für die Größe des Augenblicks und das Denkwürdige dieses Unterganges.

Und er schreibt an die Freunde. Bescheiden für sich selbst, aber voll herrlichen Stolzes für die ganze Nation, als deren Sohn und würdigen Sohn er sich in dieser Stunde begeistert fühlt: „Ich weiß nicht, ob ich ein großer Entdecker gewesen bin", bekennt er, „aber unser Ende wird ein Zeugnis sein, dass der Geist der Tapferkeit und die Kraft zum Erdulden aus unserer Rasse noch nicht entschwunden sind." Und was männliche Starre, seelische Keuschheit ihm ein Leben lang zu sagen wehrte, dies Bekenntnis der Freundschaft entringt ihm nun der Tod. „Ich bin nie in meinem Leben einem Menschen begegnet", schreibt er an seinen besten Freund, „den ich so bewundert und geliebt habe wie Sie, aber ich konnte Ihnen niemals zeigen, was Ihre Freundschaft für mich bedeutete, denn Sie hatten viel zu geben und ich Ihnen nichts."

Und er schreibt einen letzten Brief, den schönsten von allen, an die englische Nation. Er fühlt sich bemüßigt, Rechenschaft zu geben, dass er in diesem Kampfe um den englischen Ruhm ohne eigene Schuld unterlegen. Er zählt

SCOTTS TAGEBUCH

Aus Scotts Brief an seine Frau

[...] Schade, dass das Glück uns abgewandt blieb, denn jede Einzelheit unserer Ausrüstung war richtig.

Ich werde keine Schmerzen zu leiden haben, sondern die Welt frisch von der Arbeit weg, in guter Gesundheit und voller Kraft verlassen.

Seit ich das Obenstehende schrieb, sind wir mit einer warmen Mahlzeit und zweitägigem kalten Essen bis auf 20 Kilometer an unser Depot gelangt. Wir wären bis dorthin gekommen, hätte uns nicht vier Tage lang ein entsetzlicher Sturm gefangen gehalten. Es ist vorbei! Wir haben beschlossen, uns nicht zu töten, sondern bis zum letzten Atemzug um jenes Depot zu kämpfen – im Kampf findet man ein schmerzloses Ende.

Interessiere unsern Jungen für Naturgeschichte, wenn es dir möglich ist; das ist besser als Spiele; in einigen Schulen wird sie gepflegt. Dass du ihn viel im Freien sein lassen wirst, weiß ich.

Vor allem soll er sich vor Schlaffheit hüten und auch du musst ihn davor bewahren. Mache ihn zu einem strebsamen Menschen. Ich musste mich, wie du weißt, zwingen, strebsam zu werden – ich hatte immer Neigung zu Trägheit.

In dem Sack mit meiner persönlichen Habe steckt ein Stück der britischen Flagge, die ich am Südpol gehisst habe, sowie auch Amundsens schwarze Fahne und andere Kleinigkeiten. Sende ein kleines Stück des Union Jack an den König und ein kleines Stück an Königin Alexandra.

Was könnte ich dir alles von dieser Reise erzählen! Wie viel besser war sie, als daheim sitzen in zu großer Bequemlichkeit. Was für Geschichten hättest du dann für den Jungen! Aber welch ein Preis muss dafür bezahlt werden!

Sage Sir Clements, dass ich viel an ihn gedacht und es nie bereut habe, von ihm das Kommando der ‚Discovery' erhalten zu haben.

die einzelnen Zufälle auf, die sich gegen ihn verschworen, und ruft mit der Stimme, der der Widerhall des Todes ein wundervolles Pathos[16] gibt, alle Engländer mit der Bitte auf, seine Hinterbliebenen nicht zu verlassen. Sein letzter Gedanke reicht noch über das eigene Schicksal hinaus. Sein letztes Wort spricht nicht vom eigenen Tode, sondern vom fremden Leben: „Um Gottes willen, sorgt für unsere Hinterbliebenen!" Dann bleiben die Blätter leer.

Bis zum äußersten Augenblick, bis die Finger ihm festfroren und der Stift seinen steifen Händen entglitt, hat Kapitän Scott sein Tagebuch geführt. Die Hoffnung, dass man bei seiner Leiche die Blätter finden würde, die für ihn und für den Mut der englischen Rasse zeugen könnten, hat ihn zu so übermenschlicher Anstrengung befähigt. Als Letztes zittern die schon erfrierenden Finger noch den Wunsch hin: „Schickt dies Tagebuch meiner Frau!" Aber dann streicht seine Hand in grausamer Gewissheit das Wort „meiner Frau" aus und schreibt darüber das furchtbare „meiner Witwe".

---

[16] Feierliche Ergriffenheit.

SCOTTS TAGEBUCH

Meine liebe Mrs. Bowers!
Diese Zeilen erreichen Sie nach einem der schwersten Schicksalsschläge, die je Ihr Leben getroffen haben.

Jetzt, wo ich dies schreibe, nähern wir uns dem Ende unserer Reise und ich werde sie im Verein mit zwei tapfern, edlen Männern zum Abschluss bringen. Einer dieser beiden ist Ihr Sohn. Er ist mir einer meiner herzlichsten und aufrichtigsten Freunde geworden und ich schätze seinen wunderbar rechtlichen Charakter, seine Begabung und seine Energie. Als die Not sich immer dichter um uns zusammenzog, glänzte sein furchtloser Mut immer heller; er ist bis zum letzten Augenblick heiter, hoffnungsfreudig und unbesiegbar geblieben.

Die Wege der Vorsehung sind unerforschlich – sie wird den Grund kennen, weshalb ein so junges, kräftiges und vielversprechendes Leben hingerafft wurde.

Mein ganzes Herz quillt über vor Mitleid mit Ihnen.

Ihr
R. Scott.

Bis ans Ende sprach er von Ihnen und von seinen Schwestern. Was für ein glückliches Leben muss er daheim geführt haben! Und vielleicht ist es gut, auf nichts anderes als glückliche Tage zurückzublicken!

Er blieb bis zuletzt selbstlos, zuversichtlich und großartig hoffnungsfreudig, da er hofft, dass Gott Ihnen gnädig sein werde.

Herrn J. M. Barrie.
Mein lieber Barrie!
Mit uns geht es an dem trostlosesten Ort dieser Welt zu Ende. Da man hoffentlich diesen Brief finden und Ihnen senden wird, schreibe ich ein Wort des Abschieds ... Noch dringender möchte ich Sie bitten, meiner Witwe und meinem Jungen – Ihrem Patenkind – beizustehen. Wir zeigen, dass Engländer noch kühnen Mutes zu sterben wissen, den Kampf bis ans Ende ausfechtend. Man wird erfahren, dass unser Plan, den

Die Antwort
Wochenlang hatten die Gefährten in der Hütte gewartet. Zuerst vertrauensvoll, dann leise besorgt, mit steigender Unruhe schließlich. Zweimal waren Expeditionen zur Hilfe entgegen gesandt worden, doch das Wetter peitscht sie zurück. Den ganzen langen Winter verweilen die Führerlosen zwecklos in der Hütte, der Schatten der Katastrophe fällt schwarz in ihr Herz. In diesen Monaten ist das Schicksal und die Tat Kapitän Robert Scotts in Schnee und Schweigen verschlossen. Das Eis hält sie im gläsernen Sarg versiegelt; erst am 29. Oktober, im Polarfrühling, bricht eine Expedition auf, um wenigstens die Leichen der Helden und ihre Botschaft zu finden. Und am 12. November erreichen sie das Zelt; sie finden die Leichen der Helden erfroren in den Schlafsäcken, Scott, der noch im Tode Wilson brüderlich umschlingt, sie finden die Briefe, die Dokumente und schichten den tragischen Helden ein

Pol zu erreichen, gelungen ist und dass wir alles, was möglich war, getan haben, ja so weit gegangen sind, uns selbst zu opfern, um kranke Gefährten zu retten. Den Engländern der Zukunft mag dies ein Vorbild sein und ich hoffe, dass unser Vaterland denen helfen wird, die zurückbleiben, um uns zu betrauern. Ich hinterlasse meine arme Frau und Ihr Patenkind. Wilson hinterlässt eine Witwe und Edgar Evans auch eine Witwe in dürftigen Verhältnissen. Tun Sie, was Sie können, um ihren Ansprüchen Anerkennung zu verschaffen. Leben Sie wohl! Ich fürchte den Tod nicht, aber ich bin traurig darüber, dass mir nun manches bescheidene Vergnügen entgehen wird, das ich mir von unsern künftigen langen Märschen versprochen hatte. Ich habe mich vielleicht nicht als großer Entdecker erwiesen, aber wir haben den längsten Marsch gemacht, der je zurückgelegt wurde, und standen dicht vor einem großen Erfolg. Leben Sie wohl, mein lieber Freund,

stets Ihr
R. Scott.

Botschaft an die Öffentlichkeit.
Die Gründe unseres Unterganges sind nicht auf fehlerhafte Organisation zurückzuführen, sondern auf Unglücksfälle, die uns bei allem, was wir wagen mussten, verfolgt haben.

1. Der Verlust der Ponys im März 1911 zwang mich später aufzubrechen, als ich beabsichtigt hatte, und die Menge des mitzunehmenden Proviants einzuschränken.

2. Das schlechte Wetter auf dem ganzen Marsch zum Pol und besonders der lang anhaltende Sturm auf dem 83. Grad hemmten uns.

3. Der weiche Schnee in den unteren Regionen des Beardmoregletschers verlangsamte ebenfalls das Marschtempo.

Wir haben diese unvorhergesehenen Ereignisse mit Energie bekämpft und haben sie besiegt, aber auf Kosten unseres Reserveproviants.

Jede Einzelheit unserer Lebensmittel, unserer Kleidung und aller Depots auf dem Inlandeis und auf dem ganzen 1300

Grab. Ein schlichtes, schwarzes Kreuz über einem Schneehügel ragt nun einsam in die weiße Welt, die unter sich das Zeugnis jener heroischen Leistung der Menschheit für immer verbirgt.

Aber nein! Eine Auferstehung geschieht ihren Taten, unerwartet und wunderbar: herrliches Wunder unserer neuzeitlichen technischen Welt! Die Freunde bringen die Platten und Filme nach Hause, im chemischen Bad befreien sich die Bilder, noch einmal sieht man Scott mit seinen Gefährten auf seiner Wanderschaft und die Landschaft des Pols, die außer ihm nur jener andere, Amundsen, gesehen. Auf elektrischem Draht springt die Botschaft seiner Worte und Briefe in die aufstaunende Welt, in der Kathedrale des Reiches neigt der König dem Gedächtnis der Helden das Knie. So wird, was vergebens schien, noch einmal fruchtbar, das Versäumte zu rauschendem Anruf an die Menschheit, ihre Energien dem Unerreichbaren entgegen zu straffen; in großartigem Widerspiel ersteht aus einem heroischen Tode gesteigertes Leben, aus Untergang Wille zum Aufstieg ins Unendliche empor. Denn nur Ehrgeiz entzündet sich am Zufall des Erfolges und leichten Gelingens, nichts aber erhebt dermaßen herrlich das Herz als der Untergang eines Menschen im Kampf gegen die unbesiegbare Übermacht des Geschickes, diese allezeit großartigste aller Tragödien, die manchmal ein Dichter und tausendmal das Leben gestaltet.

Stefan Zweig, Der Kampf um den Südpol. Historische Miniatur. In: Sternstunden der Menschheit. Frankfurt: S. Fischer Verlag 1980, S. 157 ff. (Fischer Taschenbuch 595).

Kilometer langen Weg zum Pol hin und zurück funktionierte aufs Vollkommenste. Die Polabteilung wäre in bester Gesundheit und mit Überfluss an Lebensmitteln nach dem Gletscher zurückgekehrt, wenn nicht erstaunlicherweise gerade der Mann zusammengebrochen wäre, von dem wir es am wenigsten erwarten durften: Edgar Evans galt als der kräftigste Mann der Abteilung.

Der Beardmoregletscher ist bei gutem Wetter nicht schwer zu überschreiten, aber bei der Rückkehr hatten wir nicht einen einzigen vollkommen schönen Tag; dies und ein kranker Gefährte verschlimmerten unsere böse Lage bedeutend.

Wir gerieten, wie ich an anderer Stelle gesagt habe, in schrecklich höckriges Eis hinein und Edgar Evans erlitt eine Gehirnerschütterung – er starb eines natürlichen Todes, ließ uns aber schwer getroffen zurück, bei schon gefährlich weit vorgerückter Jahreszeit.

Doch all das war nichts gegen die Überraschung, die uns auf der Barriere erwartete. Ich behaupte, dass unsere Vorkehrungen für den Rückmarsch durchaus richtig waren und dass kein Mensch auf der Welt solche Temperaturen und Oberflächen, wie wir sie zu dieser Jahreszeit antrafen, dort erwartet haben würde. In der Breite von 85° 86' hatten wir auf dem höchsten Punkt 29 bis 34 1/2 Grad Kälte, auf der 3000 Meter tiefer gelegenen Barriere auf dem 82. Breitengrad fast regelmäßig 34 Grad am Tage und 44 Grad in der Nacht und dabei beständig Gegenwind auf unsern Tagemärschen. Es ist klar, dass derartige Umstände sehr plötzlich eintreten, und ich schreibe unsern Zusammenbruch hauptsächlich diesem plötzlichen Überfall durch schlechtes Wetter zu, das keine vernünftige Ursache zu haben scheint. Ich glaube nicht, dass je ein menschliches Wesen solch einen Monat durchgemacht hat wie wir, und doch hätten wir ihn trotz des entsetzlichen Wetters überstanden, wenn nicht ein zweiter unserer Kameraden, Rittmeister Oates, erkrankt wäre, wenn sich nicht in unsern Depots ein mir unerklärlicher Fehlbetrag an Petroleum herausgestellt hätte und wenn uns nicht schließlich 20 Kilometer vor dem Depot, wo wir unsere letzten Vorräte finden

Auf dem Rückmarsch

Eine der letzten Aufnahmen: Deckoffizier Evans, Scott, Bowers, Wilson im Zelt

mussten, der Orkan überfallen hätte. Schlimmer konnte uns das Unglück schlechterdings nicht mitspielen. Wir sind nur 20 Kilometer von unserm alten Ein-Tonnen-Lager, mit Brennmaterial zu einer einzigen letzten Mahlzeit und Lebensmitteln auf zwei Tage. Vier Tage lang können wir das Zelt überhaupt nicht verlassen – so heult der Sturm um uns herum. Wir sind schwach, das Schreiben wird schwer, aber meinetwegen bereue ich diese Reise nicht, die gezeigt hat, dass Engländer Schweres erdulden, einander helfen und dem Tod mit ebenso großer Festigkeit entgegen sehen können, wie je in vergangenen Zeiten. Wir haben es gewagt und wir wussten, was wir wagten; das Glück hat sich gegen uns entschieden, wir dürfen uns deshalb nicht beklagen, sondern wir beugen uns vor dem Willen der Vorsehung und sind entschlossen, bis zuletzt auszuharren. Doch wenn wir bereit sind, unser Leben zu lassen bei diesem Unternehmen, das unser Vaterland ehrt, so appelliere ich an unsere Landsleute, zu sorgen für diejenigen, die von uns abhängen.

Blieben wir am Leben – ich hätte viel zu erzählen von Unerschrockenheit, Ausdauer und Heldenmut meiner Kameraden, was das Herz jedes Engländers tief bewegen würde. Statt meiner müssen diese kurzen Aufzeichnungen und unsere Leichen reden. Aber gewiss, gewiss wird unser großes, reiches Vaterland die nicht im Stiche lassen, die auf uns angewiesen sind.

R. Scott

Auf der ersten Seite des letzten Tagebuchheftes steht die Bitte: „Schickt dieses Tagebuch meiner Frau!

R. Scott."

Das Wort „Frau" ist ausgestrichen und „Witwe" darüber geschrieben.

Kapitän Scott, Letzte Fahrt, Bd. 1. Leipzig: F. A. Brockhaus 1913 (gekürzt).

Die Grabmäler von Scott, Wilson und Bowers in der Antarktis und die letzte Eintragung in Scotts Tagebuch

We shall stick it out to the end but we are getting weaker of course and the end cannot be far.

It seems a pity but I do not think I can write more —

R. Scott

Last Entry —

For God's sake look after our people

1.3 Roald Amundsen: "Die Eroberung des Südpols"
– Bericht –

Endlich am 20. Oktober konnten wir aufbrechen. Das Wetter war in den letzten Tagen nicht sehr zuverlässig gewesen, bald windig, bald still, bald regnerisch, bald hell und klar, kurzum richtiges Aprilwetter. Auch an diesem Tag war es nicht beständig, unsichtig und neblig bis zum Morgen, es sah also nicht viel versprechend aus. Um halb zehn Uhr kam doch schließlich ein leichter Wind dahergezogen und gleichzeitig hellte sich der Himmel auf. Nun brauchte ich nicht lange nach der Ansicht der Begleiter zu forschen. „Was meint ihr, – sollen wir aufbrechen?" – „Ja, natürlich ziehen wir los!" Alle ohne Ausnahme waren dieser Meinung. In größter Eile wurden die Hunde eingeschirrt und mit einem kurzen Gruß, wie wenn man „Morgen auf Wiedersehen!" sagen würde, ging's von dannen. Ich glaube, Lindström stand nicht einmal unter der Tür, um uns abfahren zu sehen. So ein alltägliches Ereignis! Wer macht sich da noch was draus!

Wir waren 5 Mann, Hanssen, Wisting, Hassel, Bjaaland und ich, mit 4 Schlitten und je 13 Hunden.

Bei der Abreise waren unsere Schlitten sehr leicht; es war nichts auf ihnen als unsere Ausrüstung, da ja alle Kisten auf 80° wohlgepackt für uns bereitstanden. So konnten wir uns also selbst auf die Schlitten setzen und flott die Peitsche schwingen. Ich saß rittlings auf Hassels Schlitten und wer uns so gesehen hätte, würde die Fahrt nach dem Pol gewiss sehr einladend gefunden haben.

[...]

An diesem Tage hatten wir eine große Aufgabe zu lösen, nämlich unsere Flagge weiter südlich auf ein Gebiet zu tragen, das noch nie ein menschlicher Fuß betreten hatte. Die seidene Flagge war schon herausgenommen und lag, an zwei Schneeschuhläufen festgebunden, auf Hanssens Schlitten. Ich hatte ihm den Auftrag gegeben, sobald 80° 23', Shackletons südlichste Breite, überschritten sei, die Flagge an seinem Schlitten zu hissen. Heute hatte ich das

Amt des Vorläufers und ich machte mich rasch auf den Weg. Jetzt war es nicht mehr schwer, die Richtung einzuhalten, ich konnte mich nach wunderschönen Wolkengebilden richten und alles ging ganz mechanisch vor sich. Zuerst kam der diensthabende Vorläufer, dann Hanssen, dann Wisting und zum Schluss Bjaaland. Der Vorläufer, der nicht gerade Dienst hatte, ging nach Belieben bald da, bald dort, in der Regel neben einem Schlitten her. Ich war längst in Gedanken versunken – Gedanken, die von dem Ort, wo ich wanderte, weit entfernt waren. Woran ich dachte, erinnere ich mich jetzt im Augenblick nicht mehr, aber ich war so hingerissen, dass ich meine Umgebung ganz vergessen hatte.

Da wurde ich plötzlich durch einen Jubelschrei, dem donnernde Hurrarufe folgten, aus meinen Träumereien gerissen. Ich wendete mich rasch den andern zu, um den Grund dieser ungewöhnlichen Äußerungen zu entdecken, und blieb wie angewurzelt sprachlos und überwältigt stehen. Es ist mir unmöglich, die Gefühle zu beschreiben, die mich ergriffen, als ich sah, was vorgegangen war. Alle Schlitten standen still und an dem vordersten wehte die norwegische Flagge. Sie entfaltete sich, flatterte und wehte, dass der Seidenstoff knisterte, und nahm sich in der reinen klaren Luft und der glänzend weißen Umgebung wundervoll aus.

88° 23' s. Br. waren überschritten, wir standen weiter südwärts, als je ein Mensch gewesen war. Kein einziger Augenblick auf der ganzen Fahrt hat mich so ergriffen wie dieser. Die Tränen traten mir in die Augen, ich konnte sie trotz Aufbietung aller meiner Kräfte nicht zurückhalten. Die flatternde Fahne dort war stärker als ich und meine Willenskraft. Zum Glück war ich den andern etwas vorausgekommen, sodass ich Zeit hatte, mich zu fassen und Herr über meine Bewegung zu werden, ehe ich sie erreichte. Gegenseitige Glückwünsche und warme Händedrucke wurden zwischen allen gewechselt; nun waren wir in treuem Zusammenhalten so weit gekommen, nun würden wir auch noch weiter – würden ganz hingelangen.

Wir vergaßen indes nicht, auch dem Manne, der zusammen mit seinen tüchtigen Gefährten die Flagge seines Vaterlandes dem Ziele so unendlich viel näher getragen hatte als irgendeiner seiner Vorgänger, unsere höchste Anerkennung und Bewunderung zu zollen. Sir Ernst Shackletons Name wird in der Geschichte der Südpolforschung für immer mit flammenden Buchstaben geschrieben stehen. Mut und Willenskraft können Wunder schaffen und ich könnte kein besseres Beispiel für diese beiden Eigenschaften anführen als diesen Mann.

Natürlich mussten auch gleich die fotografischen Apparate in Tätigkeit gesetzt werden und wir bekamen ein ausgezeichnetes Bild jenes Vorgangs, den keiner von uns je vergessen wird.

[...]

Nach vielen Überlegungen und Erörterungen waren wir zu dem Ergebnis gekommen, dass wir hier noch ein Vorratslager – das letzte – errichten müssten. Die Vorteile, die wir durch die nochmalige Erleichterung der Schlitten erzielten, waren so groß, dass wir es wagen mussten. Ein großes Wagnis war es übrigens auch nicht, da wir solche Merkzeichen aufzurichten gedachten, nach denen auch ein Blinder den Weg hätte zurückfinden können. Wir hatten nämlich beschlossen, dieses Vorratslager nicht allein in ostwestlicher Richtung von unserem Kurs, sondern auch südwärts nach je 2 Seemeilen (3,7 km) durch Schneewarten kenntlich zu machen.

Der folgende Tag wurde deshalb auf die Errichtung dieses Vorratslagers verwendet. Hanssens Hunde waren alle ohne Ausnahme wahre Wundertiere; nichts schien sie anzugreifen. Etwas magerer waren sie natürlich geworden, aber trotzdem waren sie noch bei vollen Kräften. Wistings und Bjaalands Hunde dagegen waren ziemlich mitgenommen, besonders die Bjaalands; deshalb wurde beschlossen, Hanssens Schlitten nicht leichter zu machen, sondern nur die beiden andern. Es war keine unbedeutende Gewichtsabnahme, die da erreicht wurde – fast um 50 kg wurde jeder der beiden Schlitten entlastet.

[...]

Die Wärme der letzten Tage hatte unsere Frostbeulen sehr verschlimmert. Und wie sahen wir aus! Ja, Wisting, Hanssen und mir hatte der letzte Südoststurm tüchtig zugesetzt. Die linke Seite unseres Gesichts war eine einzige blutunterlaufene, eitrige Wunde. Wir sahen wirklich wie die schlimmsten Wegelagerer und Raufbolde aus und wären wahrscheinlich selbst von unseren nächsten Angehörigen nicht erkannt worden. Diese Wunden waren uns auf der weiteren Fahrt eine große Plage. Der geringste Luftzug rief das Gefühl hervor, als fahre man uns mit einem stumpfen Messer im Gesicht herum. Ich erinnere mich, dass der letzte Schorf von Hanssens Gesicht erst abfiel, als wir uns schon Hobart näherten, also drei Monate später.

[…]

Nun rückten wir mit jedem Schritt, den wir in südlicher Richtung machten, dem Ziele näher. Wir konnten mit ziemlicher Sicherheit feststellen, dass wir am Morgen oder am Nachmittag des 15. Dezember dort sein würden. Das war allen so natürlich, dass sich unsere Gespräche meistens um diesen Zeitpunkt drehten. Keiner von uns wollte zugeben, dass wir nervös seien, aber ich glaube doch, dass jeder in seinem Innern ein ganz klein wenig aufgeregt war. Was würden wir am Pol zu sehen bekommen? Eine endlose, große Ebene, die kein menschliches Auge je geschaut, kein menschlicher Fuß je betreten hatte? Oder – oder? – Nein, nein, das war eine Unmöglichkeit! Bei der Eile, mit der wir vorgerückt waren, mussten wir das Ziel zuerst erreichen, darüber konnte kein Zweifel herrschen. Und doch – und doch! Wo sich nur die allerkleinste Öffnung zeigte, da schleicht sich der Zweifel ein und nagt und nagt und lässt so einem armen Menschen keine Ruhe mehr.

[…]

Die Mittagsbeobachtung am 14. ergab 89° 37' s. Br., das Besteck 89° 38' 5" s. Br. An diesem Tag machten wir am Nachmittag auf 89° 45' s. Br. Halt, nachdem wir 14,8 km, d. h. 8 Breitenminuten zurückgelegt hatten. Am Vormittag war das Wetter noch ebenso schön gewesen, aber am Nachmittag hatten uns ein paar Schneeschauer aus Südost überfallen.

An diesem Abend herrschte im Zelt eine Stimmung wie am Vorabend eines Festes. Etwas Großes stand vor der Tür, das fühlte man wohl. Wieder wurde unsere Flagge herausgeholt und wie das letzte Mal an die beiden Schneeschuh-
5 läufe gebunden. Darauf wurde sie zusammengerollt und zum Gebrauch fertig wieder weggelegt. Ich wachte in dieser Nacht mehrere Male auf und hatte dasselbe Gefühl, wie ich es als kleiner Junge am Heiligen Abend und vor dem eigentlichen Weihnachtsfest gehabt habe – eine erwartungsvolle
10 Spannung, was wohl geschehen würde.

Am Morgen des 15. Dezember begrüßte uns ein herrliches Wetter, ein Wetter wie geschaffen zur Ankunft am Pol. Ich bin nicht ganz sicher, aber ich glaube, wir nahmen unser Frühstück an dem Tag etwas hurtiger ein als an den
15 vorhergehenden und kamen auch etwas hurtiger aus dem Zelt heraus, obgleich ich behaupten darf, dass dies alles auch sonst mit aller wünschenswerten Geschwindigkeit vor sich ging. Wir ordneten uns nun wie gewöhnlich: der Vorläufer, Hanssen, Wisting, Bjaaland und der andere
20 Vorläufer. Um die Mittagszeit hatten wir nach dem Besteck 89° 53' s. Br. erreicht und machten uns dann bereit, den Rest in ununterbrochener Fahrt vollends zurückzulegen.

Um 10 Uhr vormittags hatte sich eine leichte Brise aus
25 Südosten erhoben und der Himmel überzog sich mit Wolken, sodass wir die Mittagshöhe nicht nehmen konnten. Aber die Wolkendecke war nicht sehr dicht, dann und wann konnte man die Sonne noch dahinter hervorschimmern sehen. Die Bodenbeschaffenheit war an diesem Tag
30 etwas verändert, ab und zu glitten die Schneeschuhe recht gut, aber zu anderen Zeiten war die Bahn auch sehr schlecht. Auch an diesem Tag ging es in derselben mechanischen Weise vorwärts wie am vorhergehenden. Es wurde nicht viel gesprochen, aber die Augen wurden umso
35 eifriger benutzt. Hanssens Hals war doppelt so lang als an den anderen Tagen, so sehr drehte und reckte er ihn, um womöglich einige Millimeter weiter voraus sehen zu können. Ich hatte ihn vor dem Abmarsch gebeten, sich ordentlich umzuschauen, und diesen Auftrag führte er

nach Kräften aus. Aber wie sehr er auch guckte und guckte, er sah doch nichts als die unendliche, gleichmäßige Ebene ringsumher. Die Hunde hatten sich nach der Witterung zufrieden gegeben und die Gegenden um die Erdachse schienen sie durchaus nicht mehr zu interessieren.

Um 3 Uhr nachmittags ertönte ein gleichzeitiges „Halt!" von allen Schlittenlenkern. Sie hatten ihre Messräder fleißig untersucht und nun standen alle auf der ausgerechneten Entfernung – auf unserem Pol nach dem Besteck.

Das Ziel war erreicht und die Reise zu Ende!

Ich kann nicht sagen – obgleich ich weiß, dass es eine viel großartigere Wirkung hätte –, dass ich da vor dem Ziel meines Lebens stand. Dies wäre doch etwas zu sehr übertrieben. Ich will lieber aufrichtig sein und gerade heraus erklären, dass wohl noch nie ein Mensch in so völligem Gegensatz zu dem Ziel seines Lebens stand wie ich bei dieser Gelegenheit. Die Gegend um den Nordpol – ach, ja zum Kuckuck – der Nordpol selbst hatte es mir von Kindesbeinen an angetan und nun befand ich mich am Südpol! Kann man sich etwas Entgegengesetzteres denken?

So waren wir also unserer Berechnung nach jetzt am Pol. Selbstverständlich wusste jeder von uns wohl, dass wir nicht gerade auf dem Polpunkt standen – das wäre bei der Zeit und den Instrumenten, die wir zur Verfügung hatten, unmöglich festzustellen gewesen. Aber wir waren ihm so nahe, dass die paar Kilometer, die uns möglicherweise noch davon trennten, keine Bedeutung haben konnten. Unsere Absicht war, diesen Lagerplatz mit einem Halbmesser von 18,5 km einzukreisen, und wenn dies geschehen wäre, von der vollendeten Arbeit höchst befriedigt zu sein.

Nachdem wir Halt gemacht hatten, traten wir zusammen und beglückwünschten uns gegenseitig. Wir hatten allen Grund, uns über das, was geleistet worden war, gegenseitig zu achten, und ich glaube gerade dieses Gefühl drückte sich in den kräftigen und festen Händedrücken, die gewechselt wurden, aus.

Nach dieser ersten Handlung schritten wir zur zweiten,

der größten und feierlichsten der ganzen Fahrt – dem Aufpflanzen unserer Flagge.

Liebe und Stolz leuchtete aus den fünf Augenpaaren, die die Flagge betrachteten, als sie sich bei der frischen Brise entfaltete und über dem Pol flatterte. Ich hatte bestimmt, dass das Aufpflanzen selbst – das historische Ereignis – gleichmäßig von uns allen vorgenommen werden sollte. Nicht einem allein, nein allen denen kam es zu, die ihr Leben in den Kampf mit eingesetzt und durch dick und dünn zusammengestanden hatten. Dies war die einzige Weise, auf die ich hier an dieser einsamen verlassenen Stelle meinen Kameraden meine Dankbarkeit beweisen konnte. Ich fühlte auch, sie fassten es in dem Geist auf, in dem es ihnen geboten wurde. Fünf raue, vom Frost mitgenommene Fäuste griffen nach der Stange, hoben die wehende Fahne auf und pflanzten sie auf – als die einzige und erste auf dem geografischen Südpol.

„So pflanzen wir dich, du liebe Flagge, am Südpol auf und geben der Ebene, auf der er liegt, den Namen ‚König Haakon VII.-Land'!"

An diesen kurzen Augenblick werden wir uns sicherlich alle, die damals dort gestanden haben, unser Leben lang erinnern. Lange dauernde förmliche Zeremonien gewöhnt man sich in diesen Gegenden ab – je kürzer, desto besser! [...]

Sie errichten dann noch ein kleines Zelt, in welchem sie einen Brief an König Haakon VII. sowie eine kurze Mitteilung an Scott hinterlassen. Dann verlassen sie Polheim wieder.

Wir fuhren gleich in unseren alten Spuren und folgten diesen unentwegt. Oft, oft wendeten wir den Blick zurück, um Polheim noch einen letzten Gruß zu senden. Dann kam die dampfartige weiße Luft wieder dahergezogen und es dauerte nicht lange, bis das letzte Zeichen von Polheim – die kleine Flagge – aus unserem Gesichtskreis verschwunden war.
[...]

Das Vorratslager auf 81° s. Br. war in schönster Ordnung, nirgends eine Hundespur zu entdecken. Unsere Hoffnung, dass das Lager auf 80° s. Br. auch unversehrt sei, stieg daher bedeutend.

Auf 80° 45' s. Br. lag unser erster geschlachteter Hund „Bauer". Er war besonders fett und wurde deshalb auch besonders hoch geschätzt. Aus Pemmikan[17] machten sich die Hunde nicht mehr viel.

Am 22. Januar kamen wir auf 80° 23' s. Br. an unserer letzten Warte vorüber. So froh wir auch waren, dass sie hinter uns lag, so kann ich doch nicht leugnen, dass wir sie mit einer gewissen Wehmut verschwinden sahen. Wir hatten unsere Warten lieb gewonnen; wo wir auf sie trafen, begrüßten wir sie wie alte Freunde. Viele und große Dienste haben uns diese stummen Wächter auf unseren langen einsamen Wegen geleistet.

An demselben Tag erreichten wir unser großes Vorratslager auf 80° s. Br. Nun fühlten wir uns so gut wie am Ziel. Bei der Ankunft sahen wir sofort, dass andere Leute hier tätig gewesen waren, nachdem wir es verlassen hatten, und wir fanden auch eine Mitteilung von Leutnant Prestrud, dem Leiter der Ostabteilung, dass er mit Stubberud und Johansen am 15. November mit zwei Schlitten, 16 Hunden und Ausrüstung für 30 Tage hier vorübergekommen war. Daraufhin war ja alles erklärt und vollständig in Ordnung.

Gleich nach der Ankunft ließen wir die Hunde los, die sofort nach dem Seehundfleischhaufen rannten, der in unserer Abwesenheit weder von Vögeln noch von Hunden angegriffen worden war. Doch rannten die Hunde nicht in erster Linie, um zu fressen auf ihn zu, sondern vielmehr um sich zu balgen. Hier war sichtlich etwas, das der Mühe wert war, sich darum zu raufen. Sie liefen ein paarmal um die Seehundleiber herum, schielten bald nach dem Fleisch, bald nach ihren Gefährten und fuhren dann in wildem Kampf aufeinander los. Erst als dies vollbracht war, gingen sie hin und legten sich um ihre Schlitten her in den Schnee.

Das Vorratslager auf 80° s. Br. ist jetzt noch groß und

---

[17] Getrocknetes und zerstampftes Fleisch und Fett.

reichhaltig und gut bezeichnet und so ist es nicht ausgeschlossen, dass es später einmal jemand von Nutzen sein kann.

Von dem Weg von 80° s. Br. bis Framheim ist so oft die Rede gewesen, dass nichts Neues mehr darüber zu berichten ist. Am 26. Januar, morgens um 4 Uhr, erreichten wir unser gutes liebes Haus wieder mit zwei Schlitten und 11 Hunden. Alle Tiere und auch die Menschen strotzten von Gesundheit. Da standen wir in der frühen Morgenstunde vor der Haustüre und warteten aufeinander. In geschlossener Reihe wollten wir uns vorstellen. Es war so still und ruhig drinnen – sie schliefen wohl alle. Wir traten ein. Stubberud fuhr in seiner Koje auf, starrte uns an und hielt uns gewiss für Gespenster. Nun erwachte einer nach dem andern aus seinem Schlaf und sie konnten zuerst gar nicht fassen, was geschehen war. Aber dann war des Begrüßens in allen Tonarten kein Ende und lauter Jubel brach los, als sie hörten, dass wir alle wohl und gesund zurückgekehrt seien.

„Und wie ging's mit dem Pol? Seid ihr am Pol gewesen?"
„Ja, natürlich, sonst hättet ihr uns wohl kaum wieder gesehen."

Dann wurde der Kaffeekessel aufgesetzt und die Pfannkuchen dufteten wie in alten Zeiten. Wir Polfahrer aber stimmten alle darin überein, dass es draußen gut war, aber daheim viel besser. 90 Tage hatte die Reise gedauert, die zurückgelegte Entfernung betrug 3000 km.

Der Fram war am 9. Januar nach einer dreimonatlichen Reise von Buenos Aires wieder an der Eisplatte eingetroffen und alles war wohl an Bord. Schlechtes Wetter hatte ihn gezwungen, wieder aus der Bucht hinauszufahren; doch schon am nächsten Tag meldete unser Ausguck, dass er heranfahre. Da wurde es lebendig im Lager. Den Pelz angezogen und mit den Hunden hinaus! Nun sollten die auf dem Fram sehen, dass die Hunde noch nicht erschöpft waren. Wir hörten den Motor pusten und stöhnen, sahen den Mastkorb über den Rand der Eisplatte auftauchen und schließlich glitt der Fram selbst sicher und ruhig hervor. Mit inniger Freude ging ich an Bord, um alle diese mutigen Leute zu begrüßen, die unter so vielen Gefahren und Entbehrungen den Fram zum Ziel geführt und unterwegs Ausgezeichnetes geleistet hatten. Alle sahen froh und vergnügt aus, aber keiner fragte nach dem Pol. Schließlich bemerkte Gjertsen: „Sind Sie dort gewesen?" Das Gefühl, das mir dabei aus den Gesichtern meiner Gefährten entgegen strahlte, kann kaum mit dem Wort „Freude" bezeichnet werden, es war viel mehr als Freude. Ich zog mich mit Kapitän Nilsen in das Kartenhaus zurück und bekam dort meine Post nebst allen sonstigen Nachrichten. Drei Namen sind es, die hoch über allen anderen emporragten, als ich so recht begriff, was erreicht war, – die Namen der drei, die mich unterstützten, als es am schlimmsten für mich stand. In ehrerbietiger Dankbarkeit werde ich ihrer immer gedenken; es sind

    König Haakon VII.
    Professor Fridtjof Nansen,
    Peter Christophersen.

Roald Amundsen, Die Eroberung des Südpols. Die norwegische Südpolfahrt mit der Fram 1910–1912. München: J. F. Lehmann 1912, S. 501, 605 ff., 627 f., 662 f.

2. Hörspiel und Bericht:
Die letzten Tage von Scott

2.1 Wolfgang Weyrauch: „Das grüne Zelt"
– Hörspiel –

Sprecher

Kapitän Scott
Oates } Mitglieder seiner
Evans } Schlittenbesatzung
Taylor
Debenham
Wright } Mitglieder der
Atkinson } Rettungsmannschaft
Cherry-Garrard
Ponting
Amundsen

Geräusch von scheppernden Blechbüchsen.
Scott: Ich rufe alle. *(Ruft.)* Ich rufe alle. Wer ruft alle? Ich. Ich, Kapitän Scott, der den Südpol entdecken wollte, ihn nicht entdeckt hat und, nachdem er 1000 km zurückmarschiert ist, in diesem Zelt stirbt. Wen rufe ich? Ich rufe alle, denen ich vom Anfang an bis heute begegnet bin. Vom Anfang an? Vom Anfang der Expedition? Seit meiner Geburt? Wie alt bin ich? Ich weiß es, ich weiß es. Das ist aber auch das Einzige, was ich noch weiß. Ich bin vierundvierzig Jahre alt. Aber ich habe vergessen, wann mein Geburtstag ist und was für ein Datum wir heute haben. Wir? Ich gehöre nicht dazu. Nicht mehr. Ich bin allein. Ich habe nur noch die Konservenbüchsen, die an der Spitze des Zelts klappern. Als Ersatz für Blinklicht am Tag, als akustisches Signal in der Nacht.
(Geräusch der scheppernden Blechbüchsen.)
Als Signal für eine Rettungsmannschaft.
Taylor *(ganz dicht am Mikrofon)*: Lagebericht der Rettungsmannschaft. Eingetragen am 20. 3. 1912, eine Minu-

te nach Mitternacht. Alles wohlauf. Zuversichtlich, dass
Kapitän Scott und Bowers, Evans, Oates, Dr. Wilson, sei-
ne Schlittenbesatzung, lebend geborgen werden können.
Die Mitglieder der Rettungsmannschaft Atkinson, Pon-
ting und Wright in Nachtruhe, Cherry-Garrard, Deben-
ham und ich abwechselnd auf Nachtwache. Position: 78
Grad, Strich 08. Temperatur: minus 19 Grad. 40 km vom
Winterlager an der Küste entfernt. Heute 19 km zurückgelegt. Unterschrift: Taylor.
(Scheppernde Büchsen.)
SCOTT: Allein mit euch, Blechbüchsen, allein mit euch.
Aber ich verstehe euch nicht. Schepp-schepp. Was heißt
das? Tot-tot? Pol-Pol? Scott-Scott? Oder heißt es vielleicht gar nichts? Versteht ihr mich? Wird mich der tote
Oates verstehen, wenn ich ihn rufe? Kapitän Scott ruft
dich, toter Oates. *(Ruft.)* Ich rufe dich, Oates. Ich habe
in meiner rechten Hand eine Tasse Kakao, Oates. Ich
habe in der linken Hand, Oates, eine Karte, auf der unsre
Marschroute eingezeichnet ist. Ich spritze einen Tropfen
Kakao auf dich, Oates, auf das Eis. Anders kann ich
dich nicht grüßen. Ich würde gern meine Seehundsmütze
vor dir ziehen. Aber meine Finger sind starr. Deshalb
lasse ich auch den Kakao ganz einfach aus der Tasse
schwappen. Auf der Karte in meiner linken Hand lese
ich vom Rossmeer bis zum Südpol die Namen der Stationen, wo wir uns ausgeruht und verproviantiert
haben. Lese ich sie? Ich kann nicht mehr lesen. Ich
kann nicht mehr sehen. Warum nicht? Bin ich schneeblind oder bin ich am Ende angekommen? – Bin ich tot?
Ich weiß es nicht. Ich weiß überhaupt nichts mehr.
Nein, eins weiß ich noch. Die Namen unsrer Haltelager.
Ich kann sie auswendig: Winterquartier, Ecklager,
Bluffdepot, Ein-Tonnen-Lager, Mittleres Barrierendepot,
Südliches Barrierendepot, Schlachthauslager, Unteres
Gletscherdepot, Mittleres Gletscherdepot, Oberes Glet-
scherdepot, Drei-Grade-Depot, Anderthalb-Grade-Depot,
Letztes Depot. Und noch 50 km bis zum Pol – und
zurück.
OATES *(unwirklich)*: Und zurück.

SCOTT: Richtig, Oates. Zwölfhundert Kilometer zurück bis kurz vor dem Ein-Tonnen-Lager, wo du erfroren bist, Oates. Erfroren, erfroren.

OATES *(unwirklich)*: Erfroren.

SCOTT: Wer spricht da? Oates? Ich habe mich geirrt. Oates hat nicht gesprochen. Oates ist erfroren. Das, was ich gehört habe, war ein Echo. Ich habe mich oft geirrt. Oft geirrt. Ich habe alles falsch gemacht, als ich die Expedition vorbereitete, während der Expedition und auf dem Rückmarsch. Verstehe mich bitte nicht falsch, Oates. Ich würde mich gern mit dir unterhalten. Aber wie könnte ich das mit jemandem tun, der nicht mehr lebt? Natürlich kann *ich* mit *ihm* reden. Wie aber redet *er* mit *mir*? Er könnte nur dann mit mir sprechen, wenn ich zusammen mit ihm durch die Zonen des Tods wandere.

OATES *(unwirklich)*: Des Tods.

SCOTT: Herrgott, Du bist unsre Zuflucht für und für! Wie kann ich feststellen, ob ich tot bin? Ehe denn die Berge wurden und die Erde und die Welt geschaffen wurden, bist Du, Gott, von Ewigkeit zu Ewigkeit! Ich werde ganz ruhig sein und auf ein Zeichen warten. Auf ein Zeichen warten.

(Scheppern der Büchsen.)

Das waren die Blechbüchsen oben am Zelt. Das Zelt ist grün. Grün. Das Eis ist weiß. Weiß. Hier ist alles weiß. Das Eis, der Himmel, der Sturm, der sich im Schnee versteckt. Auch zu Hause war alles weiß. Das Kopfkissen, die Zimmerdecke, das Papier der Bücher und Zeitungen. Aber das Weiß zu Hause und das Weiß hier sind nicht dasselbe. Das Weiß hier hat das Weiß zu Hause ungültig gemacht, ermordet. Das Weiß in London heißt Abel, das Weiß zwischen Winterquartier und Südpol heißt Kain. Ich habe ein grünes Zelt anfertigen lassen, damit es sich vom Eis abhebt, wenn eine Expedition in Gefahr ist und eine Rettungsmannschaft unterwegs ist um sie zu finden.

DEBENHAM *(ganz dicht am Mikrofon)*: Lagebericht der Rettungsmannschaft. Nacht vom 20. 3. auf den 21. 3. 1912 vorüber. Atkinson, Ponting, Wright, Cherry-Garrard, Taylor und ich wohlauf. Zuversichtlich, dass Kapitän Scott und seine Schlittenbesatzung auf dem Rückweg dieselbe Marschroute genommen haben wie auf dem Weg zum Pol. Kleinere Abweichungen natürlich möglich. Position: unverändert. Temperatur: minus 23 Grad. In wenigen Minuten Aufbruch. Unterschrift: Debenham.

(Scheppernde Büchsen.)

SCOTT: Ich warte auf das Zeichen. Aber vielleicht bin ich auch nicht tot, sondern verrückt. Muss man nicht verrückt werden, wenn man so allein ist wie ich? Ich bin als Einziger von der Expedition übrig geblieben. Falls ich nicht tot bin. „Der Du die Menschen lässest sterben und sprichst: kommt wieder, Menschenkinder!" Alle andern sind nicht mehr da. Weg, weg. Ich warte auf ein Zeichen. Ich liege in meinem Schlafsack. Ich friere nicht. Aber ich weiß nicht, warum ich nicht friere. Hält das Futter die Kälte ab? Oder fühle ich die Kälte nicht mehr? Der Schlafsack wird mein Sarg sein. Das Zelt wird mein Sarg sein. Ich werde einen Doppelsarg haben. Es ist niemand da, der mir meinen Schlafsack zusammenzurrt. Ich selbst kann es nicht mehr tun. Also werden meine toten Augen aus dem Schlafsack auf die Innenwände des Zelts sehen. Sie werden nie aufhören, das Innere des Zelts zu betrachten. Niemand wird mir die Augen zudrücken. Niemand wird mich finden, mich, einen einzigen Menschen in einer Einöde von 13 Millionen Quadratkilometer Eis. Ich werde so, wie ich jetzt liege, liegen bleiben. Ich werde nicht faulen. Kein Tier wird an mir fressen. Hier gibt es keine Tiere. Auch Dr. Wilson und Bowers liegen in ihren Schlafsäcken. Sie liegen neben mir. Sie sind tot. „Denn tausend Jahre sind vor Dir wie der Tag, der gestern vergangen ist, und wie eine Nachtwache." Ich habe ihre Schlafsäcke zusammengezurrt. Der Sturm hat sie getötet. Das Eis hat sie getötet. Das Schneegestöber hat sie getötet. Der Mangel an Brennstoff hat sie getötet. Der Mangel an Brennstoff? Zuletzt haben wir keinen Mangel mehr gehabt, sondern wir hatten nichts mehr. Nichts, nichts. Ich warte auf das Zeichen. Ich habe nur noch meine Tasse Kakao. Aber das ganze Zelt ist voll von überflüssigem Zeug. Azetylenlampen, Kerzen, Bücher, Schlittenanzüge, Filzstiefel, Fausthandschuhe, Seile, Schneeschuhe, Ferngläser, Zündhölzer. Was soll ich damit? Soll ich die Lampen und die Kerzen mit den Zündhölzern anstecken? Wozu? Soll ich die Ferngläser vor meine blinden oder toten Augen halten? Wozu? Soll ich im „Hund von Baskerville" von Conan Doyle lesen? Wozu? Soll ich meinen alten Schlittenanzug ausziehen und einen neuen anziehen? Soll ich eins von den Seilen um meinen Hals legen und es zuziehen? Die Gegenstände im Zelt sind Gegenstände des Lebens. Die toten Gegenstände sind lebendiger als ich. Ich gehöre nicht mehr dazu. Wozu gehöre ich noch? Zu nichts, zu nichts. Ich gehöre nicht einmal mehr zu meinem eigenen Leben. Ich habe mich selbstständig gemacht. Ich bin nicht mehr Kapitän Scott. Ich bin nur noch Robert Falcon Scott. Nein, das bin ich auch nicht mehr. Ich bin nichts mehr. Mein Name ist Niemand. Ein andrer, der ich nicht mehr bin, war Offizier der britischen Marine. Ein andrer, der ich nicht mehr bin, leitete 1899 zum ersten Mal eine Expedition in die Antarktis. Ein andrer entdeckte 1902 das King-Edward-VII.-Land. Er, nicht ich, erforschte das Innere des Victoria-Lands. Er, nicht ich, kehrte 1904 nach London zurück. Er, nicht ich, wurde von seinem König geehrt. Er verließ am 1. Juni 1910 auf der „Terra Nova" England, um den Südpol zu entdecken. Aber schon in Neuseeland musste das Schiff ins Dock. Es leckte. Ein böses Zeichen.

OATES *(unwirklich)*: Zeichen.

SCOTT: Das Zeichen, das Zeichen. Die Stimme von Oates. Aber hast du auch wirklich geredet, mein lieber Oates?

OATES *(unwirklich bis zum Schluss des Dialogs)*: Ich habe geredet, Kapitän Scott. Ich kann reden, obwohl ich tot bin, und du verstehst mich, obwohl du lebst.

SCOTT: Wie ist das nur möglich?

OATES: Wir sind Freunde.

SCOTT: Freunde können viel.

OATES: Als ich einmal meine Pfeife verlor, suchtest du danach. Ich konnte nicht. Meine Füße fingen an zu erfrieren.
SCOTT: Auch die andern suchten danach. Und der beste Freund warst du.
OATES: Du machst einen Spaß.
SCOTT: Obwohl deine Zehen ganz kaputt waren, zogst du den Schlitten im Vorspann.
OATES: Dr. Wilson und ich, wir zogen ihn zusammen.
SCOTT: Auf dem Hinmarsch hatten wir Hunde.
OATES: Auf dem Rückmarsch waren wir die Hunde.
SCOTT: Ich war froh, dass ich nicht im ersten Glied ziehen musste. Also brauchte ich nicht auf die Spuren vom Hinmarsch zu achten.
OATES: Schließlich verloren wir die Spuren und Wegmale. Wir wussten nicht mehr, wo wir waren. Wir stritten uns, wie wie weitergehen sollten.
SCOTT: Bowers sagte: Wir sind viel zu weit östlich.
OATES: Dr. Wilson fragte: Was haltet ihr davon, wenn wir abstimmen, wohin wir gehen sollen?
SCOTT: Wir dürfen nicht bleiben, wo wir sind, sagtest du.
OATES: Wir müssen weiter, sagtest du, sonst ist es aus mit uns.
SCOTT: Noch war es nicht aus mit uns. Wir marschierten.
OATES: Wir marschierten im Zickzack.
SCOTT: Aber wir marschierten.
OATES: Es war aus mit uns. Wir wussten es nur noch nicht.
SCOTT: Wir marschierten.
OATES: Und fanden mit einem Mal ein Depot, das wir auf dem Hinmarsch angelegt hatten.
SCOTT: Es war ein Zufall.
OATES: Die Depotfahne kam uns wie der Stern vor, der über den Drei Heiligen Königen schimmerte.
SCOTT: Aber deine Füße waren ganz jämmerlich.
OATES: Ich hinkte nur noch.
SCOTT: Du hattest keine Kraft mehr.
OATES: Ich konnte nichts dafür.
SCOTT: Halt den Mund. Keiner von uns konnte etwas dafür. Höchstens ich.

OATES: Du am wenigsten.
SCOTT: Ich denke darüber nach, ob ich versagt habe oder nicht. Oates, ich mache mir Vorwürfe. Manchmal möchte ich mich beseitigen. Aber ich darf es nicht. Ich muss auf die Rettungsmannschaft warten. Ich muss Bericht erstatten. Ich muss Rechenschaft ablegen. Kommt die Rettungsmannschaft noch, Oates?
OATES: Bestimmt, Kapitän Scott.
SCOTT: Wann kommt sie?
(Keine Antwort.)
Wann kommt sie, Oates? – Hallo, Oates!
WRIGHT *(ganz dicht am Mikrofon)*: Lagebericht der Rettungsmannschaft. Wieder sind drei Tage vorüber. Wir schreiben den 24. 3. 1912, mittags, 12 Uhr und fünf Minuten. Da wir heute früh endlich auf Kapitän Scotts Marschroute stießen, herrscht glänzende Stimmung. Wir fanden einen Zettel, der an einer Fahnenstange angebracht war und in einem Couvert steckte. Trotzdem war der Schnee durchgesickert. Die Schrift war verdorben. Wir konnten nur erkennen, dass Kapitän Scott den Zettel beschrieben hatte. Position: 79 Grad südlicher Breite. Immerhin haben wir in einer Woche circa 140 Kilometer zurückgelegt. Temperatur: minus 16,5 Grad. Unterschrift: Wright. *(Scheppernde Büchsen.)*
SCOTT *(ruft)*: Oates! Hallo, Oates!
(Scheppern der Büchsen.)
Oates ist fort. Er wollte mich nicht belügen. Oates ist fort, fort. Im Leben hat er immer die Wahrheit gesagt. Nur bei seinen Füßen nicht. Da hat er uns täuschen wollen, solange es ging. Aber dann konnte er nicht mehr. Er hockte auf dem Schlitten und rührte sich nicht. Er hockte und sah vor sich hin. Er hockte und schämte sich, dass er nicht mehr mitziehen konnte. Er hatte entsetzliche Schmerzen. Er fragte mich: Kann ich noch einmal gesund werden? Ich antwortete: Bestimmt, Oates. Wann?, fragte er. Wenn wir wieder im Winterlager sind, antwortete ich, und dich richtig pflegen können. Ich hatte gelogen. Aber Oates glaubte es mir. Einen Tag und eine Nacht lang glaubte er mir. Dann merkte er

selbst, dass es mit ihm zu Ende ging. Er lag in demselben grünen Zelt, in dem ich jetzt liege. Er lag genauso da, wie ich jetzt daliege. Zitternd. Zitternd. Scott, sagte er, lasst mich, wo ich bin, und ihr zieht weiter. Er zitterte. Oates, sagte ich, wir marschieren mit dir weiter oder wir bleiben mit dir hier. Er zitterte und schlief ein. Vorher sagte er noch: Hoffentlich wache ich nicht wieder auf. Er wachte wieder auf. Ich gehe einmal hinaus, sagte er, vielleicht wird es draußen besser. Er ging hinaus. Wir dachten uns nichts dabei. Wir waren todmüde. Als er nicht wiederkam, verstanden wir, was er gemeint hatte, als er sagte: Vielleicht wird es draußen besser. Besser für ihn, der zum Tod ging, weil der Tod immer noch nicht zu ihm kommen wollte. „Du lässest sie dahinfahren wie einen Strom." Besser für uns, denen er nicht mehr zur Last fallen wollte. „Sie sind wie ein Schlaf, gleichwie ein Gras, das doch bald welk wird." Wir liefen aus dem Zelt und suchten ihn. Wir fanden ihn nicht. Wir riefen nach ihm. Oates, riefen wir, *(ruft)* Oates, wo bist du, hörst du uns nicht? Entweder hörte er uns und antwortete absichtlich nicht, oder er hörte uns wirklich nicht. Wir riefen stundenlang. *(Ruft.)* Oates, wir können dich nicht finden, komm zu uns zurück! Wir riefen so lange, bis wir stockheiser waren und er uns nicht mehr hätte hören können, auch wenn er dazu imstande gewesen wäre. Wir brachten euch, Blechbüchsen, an der Zeltspitze an. Vielleicht sah er euch. Vielleicht hörte er euch. Vielleicht.
(Scheppern der Büchsen.)
Oates sah und hörte euch nicht. Ich grüße dich, Oates. Und ich rufe dich, Evans. Ich rufe dich und kippe einen Tropfen Kakao für dich auf das Eis. Wenn ich so weitermache, habe ich bald nichts mehr zum Trinken für mich in der Tasse. Macht nichts, macht nichts. Was soll ich mit dem Kakao, wenn ich kein Hammelfleisch habe? Wenn es so weit mit mir ist, dass ich am liebsten eine Anzeige in die „Times" setzen würde. Mit dem Inhalt: „Ich, Robert Falcon Scott, Kapitän, krepiere elend, nachdem ich die Mitglieder meiner Schlittenbesatzung

Bowers, Dr. Wilson, Oates und Evans elend krepieren ließ."

Evans *(unwirklich)*: Elend krepieren.

Scott: Ach, da bist du schon, Evans. Und so schnell. Schneller als Oates. Obwohl du einen längeren Weg als Oates gehabt hast. Denn du bist vor Oates gestorben.

Evans *(unwirklich bis zum Schluss dieses Dialogs)*: Gestorben.

Scott: Plappere mir nicht alles nach, Evans.

Evans: Ich äffe dich nach, Scott.

Scott: Warum?

Evans: Ich hasse dich.

Scott: Was habe ich dir getan?

Evans: Ich bin tot.

Scott: „Das da frühe blüht und bald welk wird."

Evans: Du hast mich getötet.

Scott: „Und des Abends abgehauen wird und verdorrt."

Evans: Ich wurde vor lauter Hunger und Durst so mager wie eine Vogelscheuche. Du bist schuld daran.

Scott: „Das macht Dein Zorn, dass wir so vergehen."

Evans: Ich verlor die Nägel an meinen Händen und Füßen. Du bist schuld daran.

Scott: „Und Dein Grimm, dass wir so plötzlich dahin müssen."

Evans: Meine Frostbeulen brachen auf, meine Wunden eiterten.

Scott: Du hast Recht, Evans. Du hast mit allem Recht, Evans.

Evans: Das nutzt mir nichts, Scott, und dir nutzt es auch nichts, Scott.

Scott: Verzeih mir, wenn du kannst.

Evans: Ich kann nicht. Denke an jenen Tag und jene Nacht.

Scott: Es war der furchtbarste Tag.

Evans: Und die furchtbarste Nacht, Scott. Durch deine Schuld, Scott.

Scott: Wir entschlossen uns, ostwärts zu gehen.

Evans: Du warst der Chef. Du hättest den Entschluss verhindern können. Den furchtbaren Entschluss.

Scott: Alle waren dafür.
Evans: Du hast ihn nicht verhindert. Wir marschierten in eine richtige Falle. Wir kamen in das größte Eistrümmergebiet, das wir bisher gesehen hatten.
Scott: Wir kamen in die Eiszeit.
Evans: In eine Stadt der Eiszeit.
Scott: Mit Türmen, Häusern, Plätzen, Straßen, Gassen. Aus Eis.
Evans: Und Sackgassen. Aus Eis.
Scott: Sodass wir umkehren mussten.
Evans: Und Treppen. Aus Eis.
Scott: Wir maßen am Anfang 1220 Meter über dem Meer, am Ende 1770 Meter.
Evans: Wir stiegen 550 Meter.
Scott: An einem Tag.
Evans: Wir stiegen hinauf.
Scott: Wir stiegen hinunter.
Evans: An einem einzigen Tag.
Scott: Oft hörten wir etwas.
Evans: Was hörten wir?
Scott: Wir wussten es nicht.
Evans: Vielleicht war es Eisgeröll, das absplitterte und in die Tiefe hüpfte.
Scott: Drei Stunden lang suchten wir auf Schneeschuhen einen Ausweg.
Evans: Vergebens.
Scott: Das Eis wurde immer unwegsamer und rissiger.
Evans: Wir mussten die Schneeschuhe abschnallen.
Scott: Wir schulterten sie.
Evans: Sie waren so schwer wie Eisblöcke.
Scott: Schließlich merkten wir sie gar nicht mehr.
Evans: Nach sechs Stunden konnten wir uns kaum noch auf den Beinen halten.
Scott: Erst nach zwölf Stunden waren wir in Sicherheit.
Evans: Für den Augenblick.
Scott: Wir wussten nicht, wie wir aus den Eistrümmern herausgekommen waren.
Evans: Das Mittlere Gletscherdepot war noch Kilometer entfernt.

Scott: Wir zählten unsere Lebensmittel.
Evans: Du veringertest unsre Rationen.
Scott: Ich musste es.
Evans: Wenn du wenigstens gewusst hättest, wo das Depot war!
Scott: Ich wusste es nicht.
Evans: Zum Frühstück aßen wir nur Schiffszwieback, sonst nichts. Sonst nichts.
Scott: Um den Rest von unserm Pemmikan für den schlimmsten Fall aufzusparen.
Evans: Scott, lenke nicht ab.
Scott: Einmal fing Dr. Wilson an, seinen Speichel zu kauen. Er hatte nichts andres.
Evans: Lenke nicht von mir ab, Scott.
Scott: Da schrie Bowers ihn an: Was kaust du da?
Evans: Du sollst nicht ablenken, Scott.
Scott: Meine Spucke, sagte Dr. Wilson. Aber Bowers glaubte es ihm nicht. Du hast dir heimlich etwas von unsern Vorräten genommen, schrie er, du hast gestohlen, du hast uns etwas weggestohlen.
Evans: Kapitän Scott.
Scott: Evans? Ach, Evans, ich habe nicht vergessen, wie schlimm es um dich stand. Und ich war schuld daran.
Evans: Ich brauche dein Mitleid nicht.
Scott: Es käme auch zu spät. Es käme leider zu spät.
Evans: Warte nur, bis du drüben bei uns bist.
Scott: Wie ist es drüben?
Evans: Das sage ich dir nicht.
Scott: Sag es mir.
Evans: Nein.
Scott: Sag es.
(Scheppern der Büchsen.)
Drüben. Scheppern die Büchsen auch drüben?
(Scheppern der Büchsen.)
Drüben. Evans ist drüben. „Denn unsre Missetaten stellst Du vor Dich, unsre unerkannte Sünde ins Licht vor Deinem Angesicht." Eigentlich ist er schon lange dort. Seit jenem Tag und jener Nacht, als wir uns in den Eistrümmern verliefen. Er starb schon, bevor er starb.

„Darum fahren alle unsre Tage dahin durch Deinen
Zorn." Er wurde wahnsinnig. In jener Nacht ging er
einmal vor das Zelt. Mit einem Mal rief er: Ich sehe das
Depot, ich sehe das Depot. Er sah es, er allein sah es, er
sah es in sich drin. Wir sahen es nicht. Es war nicht da.
Wir marschierten weiter. Wir waren in Schneelaken
gehüllt. Der Schnee blieb in dicken Klumpen an den
Schuhen und Schlittenkufen hängen. Wir konnten kaum
noch marschieren. Kaum noch marschieren. Der Schnee-
puder drang bis auf die Haut. „Wir bringen unsre Jahre
zu wie ein Geschwätz." Der Sturm hörte nicht auf. Hörte
er niemals auf? Niemals, rief Evans, niemals. Was ist
mit niemals?, fragte ich ihn. Immer, rief er, immer. Was
ist mit immer?, fragte ich. Niemals wird der Sturm
aufhören, rief er, immer wird er stürmen, ich weiß es, ich
weiß es, ich bin auf du und du mit ihm. Wir kamen fast
darin um. Wir waren krank vor Hunger und Schwäche.
Wir redeten nur noch vom Essen. Je schwächer wir wurden, desto mehr redeten wir davon. Nieren sind etwas
Gutes, sagten wir, in Butter gebraten, ich habe mir nie
etwas aus Linsensuppe gemacht, sagten wir, aber jetzt
gäbe ich mein Leben drum, wenn ich welche hätte, nein,
sagten wir, Süßes ist mir lieber, Schokolade, Milch-
schokolade, Gelee, Himbeergelee. Evans weigerte sich,
Schiffszwieback oder Pemmikan zu essen. Ich grüße dich,
Evans. Ich esse meinen Vanillepudding, sagte er. Und
leckte am Eis, auf das er sich gelegt hatte. Ich grüße
dich, Evans. Du warst am kränksten. Deine Füße
schwollen immer mehr an. Du warst, wie wir andern,
vor den Schlitten gespannt. Aber du verlorst den Halt auf
den Schneeschuhen. Wir mussten dich abschirren.
Du bliebst zurück. Wir taumelten weiter. Wir schlugen
ein Lager auf. Das letzte Lager? „Unser Leben währet
siebzig Jahre, und wenn's hoch kommt, so sind's
achtzig Jahre." Wir schliefen ein. Als wir erwachten,
hatten wir dich vergessen, Evans. Dann aber merkten wir,
dass du nicht bei uns warst. Wo warst du? Wir entdeckten dich in einer Eisrinne. Dein Anzug war aufgeris-
sen, du hattest die Fausthandschuhe ausgezogen, deine

Hände waren erfroren. Du flüstertest: „Ich habe es satt, ich mache es selbst." Du fielst in Ohnmacht. Wir konnten nichts mehr verhindern. In der folgenden Nacht starbst du. „Und wenn's köstlich gewesen ist, so ist es Mühe und Arbeit gewesen." Ich grüße dich, Evans. Ich grüße dich, Evans.
(Scheppernde Büchsen.)
Wen kann ich jetzt noch grüßen? Wen kann ich noch rufen? Wer wird zu mir kommen? Kein Lebender wird zu mir kommen. Aber die beiden Toten waren da. Oates und Evans. Dr. Wilson und Bowers sind auch tot. Sie liegen neben mir. Sie brauchen nicht zu kommen. Ich kann ihnen die Hand geben. Nein, ich kann ihnen keine Hand geben. Ich bin ein Stück Eis. Kein Lebender wird zu einem Stück Eis kommen.

ATKINSON *(ganz dicht am Mikrofon)*: Lagebericht der Rettungsmannschaft. Eingetragen am 26. 3. 1912, 12 Uhr mittags. Große Niedergeschlagenheit. Kapitän Scotts Spur wieder verloren. Zuletzt noch zwei Meter aufgeworfene Schlittengeleise, dann vier Meter der eingedrückten Spur des Rads, das die Schlittengeschwindigkeit registriert, dann ein paar beiseite geschobene Schneeschollen, dann nichts mehr. Werden trotzdem nicht nachlassen, unser Ziel zu erreichen. Gebe Gott, dass wir nicht zu spät kommen. Position: 78 Grad, Strich 55. Durchschnittsgeschwindigkeit in den letzten zwei Tagen: 14 Kilometer pro Tag. Temperatur: minus 29$^{1}/_{2}$. Unterschrift: Atkinson.
(Scheppernde Büchsen.)
SCOTT: Die Rettungsmannschaft wird nicht kommen. Sie ist nicht gekommen. Sie wird nicht kommen. Wird nicht kommen. Nicht kommen. Nie kommen. Nie. Jedenfalls nicht, solange ich noch lebe. Du lieber Gott, es muss nicht sein. Ich hätte Ponting, Atkinson, Wright, Cherry-Garrard, Debenham und Taylor gern noch einmal gesprochen, ehe ich mich für immer verabschiede. „Denn es fähret schnell dahin, als flögen wir davon." Für immer verabschiede. Für immer. Für immer? Will ich mich retten lassen? Nur so ganz schäbig retten lassen? Wie ein

Kind im Wald? Nein, Kapitän Scott will nicht gerettet werden. Kapitän Scott will aussagen. Er will die Chance haben, vor Ponting, Atkinson, Wright, Cherry-Garrard, Debenham und Taylor auszusagen. Er will seine Unterlassungen und Übertreibungen berichten. Er will seine richtigen und seine falschen Befehle mitteilen. Er will sich stellen. Hier, meine Freunde, hier bin ich, dort seid ihr, meine Freunde, so und so war es, so und so war es nicht, bis zum letzten Tag, bis zur letzten Nacht, bis zur letzten Stunde, bis zur letzten Minute und Sekunde. Aber man lässt mich nicht aussagen. Man gibt mir keine Chance. Gut, wenn man mir die Chance versagt, hole ich sie mir. Wenn die Rettungsmannschaft nicht zu mir kommt, gehe ich zur Rettungsmannschaft.
(Scheppernde Büchsen.)
Schepp-schepp. Ich fürchte mich nicht. Ihr braucht mich nicht zu warnen. Ich weiß Bescheid. Immerhin danke ich euch für eure Freundlichkeit.
(Scheppernde Büchsen.)
Bitte. Ich weiß, dass es unmöglich ist. Aber ich weiß auch, dass alles möglich ist, wenn der Tod kommt. „Wer glaubt aber, dass Du so sehr zürnest?" Mir ist bekannt, dass das nächste Depot 20 Kilometer – nur 20 Kilometer entfernt ist. Aber ich werde es versuchen. Ich werde der Rettungsmannschaft entgegen gehen. Ich werde meine Zeugen mitnehmen. Meine Zeugen? Nein, nicht meine Zeugen, sondern Zeugen, die aussagen, wie es die Wahrheit ist und nichts als die lautere Wahrheit. Ich rufe die Zeugen. *(Ruft.)* Ich rufe die Zeugen. Ich bitte euch herzlich, mich auf meinem letzten Marsch zu begleiten. Auf meinem letzten Marsch. „Und wer fürchtet sich vor solchem Deinem Grimm?" *(Ruft.)* Ich rufe die Zeugen.
(Scheppern der Konservenbüchsen.)
Büchsen, euch meine ich nicht. Ihr müsst bei dem Zelt bleiben. Es darf nicht allein sein. Mitnehmen kann ich es nicht. Ich kann überhaupt nichts mitnehmen. Ich kann ja nichts tragen. Ich bin so elend. So elend bin ich seit meiner Schulzeit nicht mehr gewesen. Damals sagte der Geo-

grafielehrer: Die Erde ist bekannt. Die ganze Erde?, fragte ich. Bis auf ein paar weiße Flecken in Innerafrika und den Südpol, antwortete er. Ich will den Südpol entdecken, sagte ich. Du?, fragte der Lehrer, ich fürchte, du hast nicht genug Mut dazu.
(Scheppern der Konservenbüchsen.)
Seid jetzt still. Stört mich nicht. Ich werde sogar die Karte mit der Marschroute hier lassen. Ich kenne den Weg. Alles ist möglich, wenn der Tod kommt. „Lehre uns bedenken, dass wir sterben müssen, auf dass wir klug werden." Ich werde auch meine Tasse dalassen. Sie hat gleich ausgedient. So, jetzt kommt das Schwierigste. Das Aufstehen. Der Marsch wird gar nichts dagegen sein. Zuerst die Karte aus der linken Hand. In Ordnung. Dann die Tasse aus der rechten Hand in die linke Hand. Ohne etwas zu verschütten. Gut. Ich brauche die rechte Hand, wenn die Zeugen gekommen sind und ich ihnen zuwinke. Aufstehen. Es geht nicht. Es muss gehen. Aufstehen. Kapitän Scott, steh auf. Bist du ein Säugling? Nein. Bist du ein Greis? Nein. Aufgestanden! Einen Blick auf die Schlafsäcke, in denen Dr. Wilson und Bowers liegen. Sie liegen gut. Falls man im Tod gut liegen kann. Falls man im Tod überhaupt liegt. Ob man schwebt? „Herr, kehre Dich doch wieder zu uns und sei Deinen Knechten gnädig." Einen Tropfen Kakao auf das Eis. Für Roald Amundsen, norwegischen Polarforscher, der einen Monat und zwei Tage früher als Kapitän Robert Falcon Scott, englischer Polarforscher, den Südpol erreichte.
(Alle folgenden Geräusche, Melodien, Töne und Stimmen sind unwirklich.)
Scott: Ich rufe dich, Südpol! *(Ruft.)* Ich rufe dich, Südpol!
Südpol *(Sinuston).*

Scott: Ich danke dir. Ich wusste, dass du eine Eins bist und dass ich eine Null war. Aber ich wollte, dass ich eine Eins wäre und dass du eine Null wärest. Meine Rechnung ging nicht auf. Ich wurde minus eins. Du aber bliebst eins. Du warst es, du bist es, du wirst es sein.
Südpol *(Sinuston).*

Scott: Ich rufe dich, Eis. *(Ruft.)* Ich rufe dich, Eis!
Eis *(anderer Sinuston).*
Scott: Du bist da, Eis. Du warst die Hölle. Die Hölle? Das Gegenteil der Hölle. Aber nicht der Himmel, sondern die Kälte. Allerdings, was hätten wir außer dir erwarten können? Aber was für eine Kälte warst du! Du warst außerordentlich. Du warst die Kälte der Kälten. Als ich ein Junge war, war ich glücklich, wenn der Winter kam. Dann wurden die Ohren weiß und die Nase klebte zusammen. Wenn man den Atem aus dem Mund ließ, sah er wie ein Nebel aus. Als Junge kannte ich dich nur beim Schlittschuhlaufen und an den Fenstern. Du warst eine Blume. Was warst du jetzt? Du warst ein Garten. Ein Garten, dessen Blumen verharscht und erstarrt waren. Deine neuen Blumen haben uns starr gemacht. Steif wie Schneemänner, die nie wieder schmelzen werden. Eis, du hast uns zu Eis gemacht. Du hast uns gefangen genommen. Als wir auf dem Schiff fuhren, kamst du in der Form von Eisbergen zu uns, dann als Packeis, dann als ein Tausend von Eisschollen, dann als Presseis, dann als ein Tausend von Gletscherzungen. Du hast uns in deine Höhle geschleppt. Du hast dich zu uns gelegt. Du hast uns umarmt. Wir erwiderten deine Umarmung nicht. Das Widerwärtigste, was du uns angetan hast, war die Angst. Angst? Ja, wir, die wir uns noch nie gefürchtet hatten, hatten Angst. Angst. Die Angst war das Widerwärtigste und das Gefährlichste. Die Angst besonders auf dem Rückweg vom Pol. Die Angst, unser Schiff, mit dem wir gekommen waren, nicht wieder zu sehen. Die Angst, die du uns gemacht hast, hat die Langsamkeit unsres Rückmarschs noch langsamer gemacht. Vor lauter Angst sahen wir schlechter und fanden unsre alten Spuren nicht. Wir mussten abschirren und die Fährten suchen. Dadurch verloren wir Zeit. Viel Zeit. Mehr, als wir sonst verloren hätten. Dadurch wurde unser Proviant knapp. Besonders das Öl. Wenn wir kein Öl mehr hatten, konnten wir uns nichts kochen. Wer mitten im Eis auf warme Mahlzeiten verzichten muss, stirbt. „Fülle uns frühe mit Deiner Gnade." Wer

mitten im Eis warme Getränke entbehren muss, stirbt. „So wollen wir rühmen und fröhlich sein unser Leben lang." Wir starben. „Erfreue uns nun wieder, nachdem Du uns so lange plagst." Wir starben durch dich, Eis. „Nachdem wir so lange Unglück leiden." Aber wir wollten nicht durch dich sterben, Eis. Deshalb händigte ich jedem von uns 30 Opiumtabletten aus. Der Tod, Eis, sollte unser Tod sein, nicht der deine. Aber der Tod war doch dein Tod, Eis, nicht der unsre. „Zeige Deinen Knechten Deine Werke und Deine Ehre ihren Kindern." Wir kamen nicht mehr dazu, die Tabletten zu schlucken. Noch einmal gossen wir etwas Öl in unsern Primuskocher. Halb voll gossen wir ihn. Mehr Öl hatten wir nicht. Am Ende hatten wir nur noch für eine Stunde Öl. Für eine Stunde. Dann hatten wir nichts mehr. Nichts mehr.

EIS *(mit seinem Sinuston).*

SCOTT: Ich rufe dich, Sturm. *(Ruft.)* Ich rufe dich, Sturm. *(Sturmgeräusch.)*

Ich danke dir, Sturm, dass du gekommen bist. Du gabst uns den Rest. Einmal entkamen wir dir, Sturm. Ein einziges Mal. Wir verlegten unser Lager zwischen Felsenklippen, die fast senkrecht emporstiegen. Du tobtest über unsern Köpfen. Es ließ uns kalt. Wir hörten dich nur. Wir vergaßen dich fast. Aber sonst waren wir immer in deiner Hand. Du versuchtest uns daran zu hindern, dass wir unsre Kochgeschirre an den Mund setzten. Du wirbeltest so wild den Schnee durcheinander, dass wir auf den Schlitten unsre Leithunde vor den Schlitten nicht sehen konnten. Du zerstörtest unsern Ponywall. Du begrubst unsre Schlitten unter ungeheuren Schneewehen. Du verwischtest unsre Spuren auf dem Hinweg, sodass wir uns auf dem Rückweg verirrten. Du zerfetztest unser letztes Segel, sodass wir uns selbst vor den Schlitten spannen mussten. Du zwangst uns, mit dem Marschieren aufzuhören. Wir mussten uns so lange in unsern Schlafsäcken verkriechen, bis es dir passte, aus einer andern Richtung zu wehen. Zum Schluss, als Evans und Oates schon tot waren, aber Dr. Wilson und Bowers noch lebten, wollten wir jeden Tag zum nächsten Depot aufbrechen. Jeden Tag. Jede Stunde. Aber wir konnten nicht. Wir konnten nicht. Dr. Wilson starb. Er flüsterte: Ich hasse dich, Sturm. Bowers starb. Er flüsterte: Sturm, ich hasse dich. Ich begriff gar nicht, dass ich allein war, dass ich niemanden mehr atmen hörte, husten, niesen, oder was weiß ich. Ich sah nur die beiden letzten Toten an. „Und der Herr, unser Gott, sei uns freundlich." Du hattest sie getötet, Sturm. Mit deiner Stärke. Windstärke, sagen wir Menschen dazu. Endlich sagen wir einmal etwas Richtiges. Du wehtest mit einer Stärke von 15 Metern in der Sekunde, Sturm. Ich schrie dich an: Ich hasse dich, ich hasse dich. Aber jetzt hasse ich dich nicht mehr. Ich liebe dich auch nicht. Ich weiß, dass du nur das gemacht hast, was du vom Anfang der Erde an tatest und was du bis zum Ende der Erde tun wirst. Bald bist du unser Widersacher, bald bist du unser Freund. Wir müssen dich annehmen, wie du bist. Wir müssen uns dir unterwerfen.

(Sturmgeräusch.)
Ich rufe dich, Nebel. *(Ruft.)* Ich rufe dich, Nebel!
NEBEL *(dritter Sinuston).*
SCOTT: Ja, auch du warst nichts Gutes, Nebel. Aber wann hätten wir wohl einmal etwas Gutes getroffen? Ziemlich früh, ungefähr ein Jahr vor unserm Ende, erschienst du in deiner grauenhaftesten Gestalt. Du kamst nicht weiß, nicht grau, nicht gelb. Du kamst schwarz. Schwarz wie die riesige Schabracke eines riesigen Leichenpferds. Schwarz, rabenschwarz, wie man so sagt. Aber man beleidigt die Raben, wenn man gleichzeitig von ihnen und von dir spricht, schwarzer Nebel. Du kamst und gingst nicht wieder. Uns schien, du flattertest ewig um uns herum. Wir trauten uns nicht aus unserm Zelt in den Kraterhügeln heraus. Wir hatten es auf dem Grund eines toten Kraters aufgeschlagen. Wie der Mensch so ist, versuchten wir das Große durch das Kleine zu überwinden. Wir spielten Domino. Aber die Überwindung des Großen durch das Kleine kann nur dann gelingen, wenn sich im Kleinen oder sogar im Win-

zigen das Ewige befindet. Der Grashalm kann den Hagel besiegen, der Falter das Unglück, die Haut des Säuglings das Entsetzen. Aber im Domino ist nichts Ewiges. Du legst eine Fünf an eine Fünf, eine doppelte Eins an eine einfache Eins. Das ist alles. Es ist nichts. Du schlichst dich, schwarzer Nebel, in unsre Linien und Rechtecke. Du verhülltest sie. Sie waren verschwunden. Wir waren mit dir allein, schwarzer Nebel. Trotzdem danke ich dir, dass du gekommen bist. Du bist ein guter Zeuge auf unserm Marsch zur Rettungsmannschaft.

NEBEL *(mit seinem ihm eigentümlichen Sinuston).*

CHERRY-GARRARD *(ganz dicht am Mikrofon)*: Lagebericht der Rettungsmannschaft. Eingetragen am 27. 3. 1912, zehn Uhr abends. Sorge überwunden. Endlich wieder auf der Spur von Kapitän Scott. Große Freude. Wir stiegen mit den Steigeisen das obere Becken eines Gletschers hoch. Wir dachten an nichts – und sahen eine rote Depotfahne. Eintragung früher als gewöhnlich, da vor ein paar Augenblicken besonders intensiv an Kapitän Scott gedacht. So, als unterhielten wir uns mit ihm. Ganz gut. Temperatur: minus 21 Grad. Unterschrift: Cherry-Garrard.

(Scheppern der Büchsen.)

SCOTT: Ich rufe alle. *(Ruft.)* Ich rufe alle. Ich rufe die Ponys, die ich erschießen musste. Eure Nüstern, Augen und Ohren waren vom Schnee verklebt. Ihr wart vom Kopf bis zum Schwanz mit Eis überzogen. Ihr hattet den Husten. Ach, wie ihr hustetet! Chinese, Donnerkeil, Cristoffer, Michael, ihr hustetet wie alte Männer, die Asthma haben. Ihr ersticktet fast daran. Ihr wart so krank, dass ihr nicht mehr vom Fleck kamt. Wir fütterten euch mit heißem Haferbrei und wickelten euch warm ein. Es nutzte nichts mehr. Wenn wir euch nicht erschossen hätten, wärt ihr verhungert. Wir nannten das Lager, wo wir euch töteten, das Schlachthauslager.

(Hund winselt.)

Wie lieb von dir, dass du dich gemeldet hast, Jehu, obwohl ich dich und alle andern Hunde zurückschicken musste. Es ging nicht anders. Ihr wurdet mit den Schnee-

brücken und Eisspalten nicht mehr fertig. Wir glaubten, über sibirische Hunde ginge nichts. Ich mache euch keinen Vorwurf. Wie käme ich dazu? Ausgerechnet ich? Habe ich es ausgehalten?
(Grammofon: Einige Takte aus einer zeitgenössischen Unterhaltungsmelodie.)
Was ist das?
(Grammofon quiekt weiter.)
Was ist das? *(Summt Melodie mit.)* Oh, du bist es, Grammofon! Ich habe dich lange nicht mehr gehört. Du hast uns glücklich gemacht, damals, im Winterquartier an der großen Eisbarriere.
(Im Folgenden bleibt das Grammofon unterlegt.)
Wir hörten dir zu und unterhielten uns darüber, was wir treiben würden, wenn wir wieder zu Hause wären. Ich werde eine Abhandlung über antarktische Vögel schreiben, sagte Dr. Wilson, über Eissturmvögel, Albatrosse, Sturmschwalben und Skuamöwen. „Und fördere das Werk Deiner Hände bei uns." Bowers sagte: Ich will mich mit Meteorologie beschäftigen, mit Südlichen Kronen, Mond- und Sonnenhöfen, Regenbögen und Südlichtern, mit ihren Lichtbändern, Spiralen und Richtungen. Er kann jetzt und für alle Zukunft sämtliche Südlichter betrachten, die den Himmel grün und purpurn machen. „Ja, das Werk unsrer Hände wolle er fördern." Ich werde mich mit Parasiten befassen, sagte Oates, ich werde das Leben der Urtierchen unter dem Mikroskop studieren, ich werde sie meinen Kindern zeigen und ihnen sagen, dass etwas da sein muss, das keinen Anfang und kein Ende hat, und die Urtierchen sind ein Beweis dafür. „Lobe den Herrn, meine Seele, und, was in mir ist, seinen heiligen Namen." Evans sagte: Ich will malen – was, ja was, vielleicht Blumen, Sonnenblumen, Blumen im Sommer. „Lobe den Herrn, meine Seele, und vergiss nicht, was er dir Gutes getan hat."
(In die letzten Takte des Grammofons Schiffssirene.)
Ja, melde dich, Terra Nova. Du hast uns von London bis zum Rossmeer gefahren. Ich grüße dich, Terra Nova, und

durch dich grüße ich London und durch London grüße
ich die Themse. *(Stadtgeräusche.)*
Als Junge habe ich immer in sie hineingespuckt. Als junger Mann bin ich auf der Themse gerudert. Mit meinem
Mädchen, das später meine Frau geworden ist. Meine
Frau! Ich rufe dich, Frau. Ich rufe dich, Viktoria. Ich rufe
dich ...

PONTING *(ganz dicht am Mikrofon)*: Lagebericht der Rettungsmannschaft. 28. 3. 1912, Mitternacht. Wenn wir jetzt
Kapitän Scott nicht bald finden, wissen wir nicht, ob wir
ihn jemals finden werden. Aber wo sollen wir ihn suchen?
Unsere jetzige Position: 80 Grad, Strich 3, 350 Kilometer
vom Winterlager, 1150 Kilometer vom Südpol entfernt.
Wenn wir alle Umstände einkalkulieren, könnte Kapitän
Scott bis in dieses Gebiet gekommen sein. Machen letzten Versuch. Teilen Umkreis von 50 Kilometern in zwölf
Sektoren, die wir nacheinander systematisch absuchen
werden. Missglückt dies, kehren wir um. Zeitangabe nur
ungenau, da Uhren stehen geblieben. Minus 51 Grad.
Unterschrift: Ponting.
(Scheppernde Büchsen.)

SCOTT: Der Marsch beginnt, der Marsch der Rettungsmannschaften beginnt. *(Scheppern der Büchsen.)*
Ich kritzele meine letzten Sätze in das Eis. K-a-p-i-t-ä-n
S-c-o-t-t s-i-e-b-z-e-h-n-t-e-n J-a-n-u-a-r n-e-u-n-z-e-h-n-h-u-n-d-e-r-t-z-w-ö-l-f a-m S-ü-d-p-o-l. Ich rufe dich,
Amundsen. Den Rest aus meiner Tasse für Amundsen auf
das Eis. *(Ruft.)* Ich rufe Amundsen!
(Scheppern der Büchsen.)

AMUNDSEN: Endlich, Scott. Ich kann mir denken, dass es dir
nicht leicht gefallen ist, mich zu rufen.

SCOTT: Ich weiß nicht, Amundsen, was am schrecklichsten
gewesen ist, das Alleinsein, nachdem auch Bowers und
Dr. Wilson gestorben waren – – oder der Tod durch
Erfrieren bei Oates – oder der Tod durch Wahnsinn bei
Evans – – oder der 22. Februar 1911, abends zehn Uhr,
im Sicherheitslager, fast ein Jahr, bevor wir zum Südpol
kamen.

AMUNDSEN: Was war da?

Scott: Da gab mir Atkinson einen Brief, in dem stand, dass der Norweger Amundsen in der Walfischbucht im Winterquartier läge. Damit warst du dem Südpol 110 Kilometer näher als ich.

Amundsen: Ich war früher aufgebrochen als du, Scott.

Scott: Warum war ich nicht früher aufgebrochen als du, Amundsen?

Amundsen: Du oder ich, einer von uns beiden musste mehr Glück haben als der andre.

Scott: Du hattest es. Ich wusste es vom 22. Februar 1911 bis zum 15. Januar 1912, 327 Tage und Nächte lang, während wir zum Pol marschierten, als Bowers etwas entdeckte, das er zuerst für ein Wegzeichen hielt. Ein Wegzeichen, von wem? Von uns nicht, von uns nicht. Von wem? Von Amundsen? Was unsere Hoffnung für unmöglich hielt, davon waren unsere Gedanken überzeugt. Wir fuhren weiter, so schnell wir konnten. Eine halbe Stunde verstrich. Dann sah Bowers, dass das Wegzeichen kein Wegzeichen, sondern eine schwarze Fahne war.

Amundsen: Wir hatten sie an einem Schlittenständer befestigt.

Scott: In der Nähe war ein verlassener Lagerplatz. Wir sahen die Eindrücke von Hundepfoten.

Amundsen: Meine Hunde, Scott.

(Scheppern der Büchsen.)

Scott: Ich krieche um das Zelt herum. Der Marsch zur Rettungsmannschaft wird fortgesetzt. Ich schreibe ins Eis: S-ü-d-p-o-l   z-w-e-i-t-a-u-s-e-n-d-n-e-u-n-h-u-n-d-e-r-t M-e-t-e-r   h-o-c-h.

Taylor *(ganz dicht am Mikrofon)*: Lagebericht der Rettungsmannschaft. 29. 3. 1912. Erster Sektor nach Kapitän Scott abgesucht. Vergeblich. Taylor.

(Scheppernde Büchsen.)

Scott: Hat mich auch keiner verlassen? Melde dich, Amundsen.

Amundsen: Zur Stelle, Scott.

Scott: Mich wundert, Amundsen, dass du dich nicht davongemacht hast.

AMUNDSEN: Du beleidigst mich, Scott. Aber ich verstehe dich. Wahrscheinlich würde ich an deiner Stelle genauso reden.

SCOTT: Verzeih mir, Amundsen. Ich benehme mich schlecht. Ich kann nicht verlieren.

AMUNDSEN: Wer als Zweiter den Südpol erreicht, hat kein Kartenspiel verloren.

SCOTT: Du bist sehr freundlich.

AMUNDSEN: Wenn man im Jahr 2000 vom Südpol spricht, wird man nicht von Amundsen sprechen, sondern von Scott und Amundsen.

SCOTT: Ich überlege mir, warum ich der erste Mensch sein wollte, der den Südpol betritt.

AMUNDSEN: Ja, darüber sollte man nachdenken.

ATKINSON *(ganz dicht am Mikrofon)*: Lagebericht der Rettungsmannschaft. Zweiter Sektor nach Kapitän Scott abgesucht. Abermals vergebens. Atkinson.

(Scheppern der Büchsen.)

SCOTT: Amundsen?

AMUNDSEN: Scott.

SCOTT: Ich überlege mir, warum ich mich jetzt so gräme, dass ich den Pol als Zweiter betreten habe.

AMUNDSEN: Vielleicht sind wir nichts andres als Kinder, die versuchen ein Spiel zu gewinnen.

SCOTT: Oder wollen wir mehr sein als die andern? Können wir es nicht ertragen, in Reih und Glied zu marschieren? Eine Null zu bleiben, statt eine Eins zu werden?

AMUNDSEN: Ehrgeiz?

SCOTT: Wahn.

AMUNDSEN: Oder haben wir in unsern Schulbüchern zu viel von Helden gelesen?

SCOTT: Was ist ein Held?

AMUNDSEN: Einer, der denen hilft, die keine Helden sind?

SCOTT: Einer, der stirbt, damit andre leben können?

AMUNDSEN: Einer, der lebt, damit andre leben können?

(Scheppern der Büchsen.)

SCOTT: Der Marsch wird fortgesetzt.

(Scheppern der Büchsen.)

Ich schreibe ins Eis. D-e-r T-o-d k-a-n-n n-i-c-h-t m-e-h-r w-e-i-t s-e-i-n.

DEBENHAM *(ganz dicht am Mikrofon)*: Lagebericht der Rettungsmannschaft. 30. 3. 1912. Dritter Sektor nach Kapitän Scott abgesucht. Wieder nichts. Debenham.
(Scheppernde Büchsen.)
SCOTT: Der Marsch zur Rettungsmannschaft wird fortgesetzt. Marsch fortsetzen. Ich bin erstarrt. Kriechen. Nicht mehr kriechen. Erstarrt. Ins Eis schreiben. G-o-t-t s-t-e-h m-i-r b-e-i.
CHERRY-GARRARD *(ganz dicht am Mikrofon)*: Lagebericht der Rettungsmannschaft. Vierter Sektor nach Kapitän Scott abgesucht. Nichts. Cherry-Garrard. 25. 4. 1912.
(Scheppernde Büchsen.)
SCOTT: Erstarrt. Marsch fortsetzen, Kapitän. Armer Kapitän. Marsch beendet. Kriechen beendet. Schreiben beendet? Finger blutig. Trotzdem schreiben. G-r-ü-ß-t m-e-i-n-e F-r-a-u. Falsch. G-r-ü-ß-t m-e-i-n-e W-i-t-w-e.
PONTING *(ganz dicht am Mikrofon)*: Lagebericht der Rettungsmannschaft. Fünfter Sektor nach Kapitän Scott abgesucht. Nichts, wieder nichts. Ponting.
(Scheppernde Büchsen.)
SCOTT: Hinlegen. Liegen. Liegen blieben. Nichts mehr machen. Gar nichts. Warten. Warten. Lebt wohl, alle. Leb wohl, Eis. Leb wohl, Sturm. Nebel. Pony. Hund. Leb wohl, Grammofon. Leb wohl, Schiff. London.
TAYLOR *(ganz dicht am Mikrofon)*: Lagebericht der Rettungsmannschaft. Sechster Sektor nach Kapitän Scott abgesucht. Aussichtslos. 1. 5. 1912. Taylor.
(Scheppern der Büchsen.)
SCOTT: Schepp-schepp. Leb wohl, Südpol. Amundsen. Amundsen? 2 3/4 Kilometer vom Südpol entfernt stand ein Zelt. In dem Zelt lag ein Zettel: Amundsen bittet Scott, diesen Brief an König Haakon von Norwegen zu befördern. Ich habe ihn befördert. Wohin? In meine Brieftasche. Da liegt er, der tote Brief in der toten Brieftasche. Wer wird ihn finden? Wer wird uns finden? Mich, Wilson, Bowers. Wird uns jemand finden? Wilson, ich lege meinen Arm um dich. Wilson, ich wollte der Rettungsmannschaft entgegen marschieren. Ich habe es nicht getan. Ich wollte um unser Zelt herumkriechen. Ich habe

es nicht getan. Ich liege im Zelt. Ich habe meinen Arm um dich gelegt, Wilson. Ach ja, Bowers. Du bist auch da. Ich lege – – –

ATKINSON *(ganz dicht am Mikrofon)*: Lagebericht der Rettungsmannschaft. Heute, am 12. November 1912, im achten Monat unsrer Suchaktion nach Kapitän Scott und seiner Schlittenbesatzung, bei Grad 79, Strich 50 um 11 Uhr 51 Minuten sahen wir in circa 120 Meter Entfernung – – –

(Folgt einzige reale Szene.)
WRIGHT: Ein Zelt, ein Zelt!
DEBENHAM: Das Zelt ist grün.
WRIGHT: Wir haben es gefunden.
CHERRY-GARRARD: Drei Schlafsäcke.
PONTING: Drei Männer.
WRIGHT: Scott hat den Arm um Wilson gelegt.
TAYLOR: Um Bowers nicht.
ATKINSON: Er konnte nicht mehr.
DEBENHAM: Scott.
CHERRY-GARRARD: Kapitän Scott.
WRIGHT: Wir grüßen dich.
PONTING: Ich grüße dich.
TAYLOR: Ich grüße dich.
ATKINSON, DEBENHAM, CHERRY-GARRARD: Ich grüße dich.
WRIGHT: „Der deinen Mund fröhlich macht, und du wieder jung wirst wie ein Adler."

Wolfgang Weyrauch, Das grüne Zelt. Mit Genehmigung des Autors. Stuttgart: Ernst Klett 1981.

2.2 Edward Atkinson: Auf der Suche nach den Verschollenen*

Vergebliches Warten auf Scott

Scott hatte für seine wahrscheinliche Ankunft im Hauptquartier auf Kap Evans die Zeit von Mitte März bis Anfang April 1912 angegeben. Aus der Marschgeschwindigkeit der verschiedenen nach Kap Evans zurückgekehrten Abteilungen schloss ich auf die Scotts und hatte ausgerechnet, dass seine Polabteilung zwischen dem 3. und 10. März im Ein-Tonnen-Lager eintreffen könne und dann noch imstande sein werde, die „Terra Nova" zu erreichen.

Die zwei Hundegespanne sollten auf 24 Tage Hundefutter und auf 21 Tage Proviant für die beiden Begleiter mitnehmen, ferner reichliche Lebensmittel auf 14 Tage für Scotts Abteilung und allerlei Delikatessen, um die diese gebeten hatte. Das Gesamtgewicht dieser Last ging bis an die äußerste Grenze, die auf Schlittenreisen in dieser Jahreszeit zulässig ist. Hundefutter war nur im Ecklager deponiert; daher war es klar, dass die Hunde nach 24 Tagen am Ende ihrer Kräfte sein mussten. Ich kann nicht nachdrücklich genug betonen, dass die Hundegespanne nicht als Entsatzexpedition gedacht waren, denn niemand von uns war auf den Gedanken verfallen, Kapitän Scott könne auf dem Marsch zum oder vom Südpol in Schwierigkeiten geraten sein.

Cherry-Garrard und der russische Hundetreiber Dimitri Gerof, dem die Wartung unserer sibirischen Hunde übertragen war, brachen mit den beiden Gespannen am 26. Februar in der Frühe um 2 Uhr auf. Die Tiere machten sich großartig; an einem Tag legten sie bei Schneewetter und Gegenwind die 56 Kilometer zurück, die das Ecklager von der Hüttenspitze auf der Rossinsel trennen. Im Laufe einer Woche erreichten sie das Ein-Tonnen-Lager. Unterwegs hatten sie wiederholt schwere Stürme zu überstehen und die Temperatur war an den meisten Abenden auf 40° unter Null gegangen, sodass die Hunde von der Kälte bitter litten. Das schlechte Wetter machte das Einhalten des richtigen Kurses so gut wie unmöglich; obendrein hatte Kapitän Scott aufs Strengste befohlen, dass die Hunde auf keine Weise gefährdet werden dürften. Im äußersten Falle hätte Cherry-Garrard noch einen Tag nach Süden über das Ein-Tonnen-Lager vordringen können. Vernünftigerweise beschloss er aber, so lange im Ein-Tonnen-Lager zu warten, bis er nur noch auf 8 Tage Hundefutter zur Rückreise hatte. Am 10. März deponierte er vierzehntägigen Proviant für die Südabteilung und das Ein-Tonnen-Depot war jetzt so reichlich versehen, dass eine Abteilung von 5 Personen dort Lebensmittel für länger als einen Monat vorfand. Nach einer sehr kalten Nacht traten die Hundegespanne am 10. März morgens 8 Uhr die Rückreise an. […]

Ein neuer Versuch zur Rettung Scotts
Cherry-Garrard und Dimitri waren mit der Nachricht angelangt, dass sie von Scotts Abteilung nichts gesehen hätten. Umso mehr wussten sie von dem frühen Anbrechen des Winters, den außergewöhnlich niedrigen Temperaturen und dem schlechten Wetter auf der Eisbarriere zu berichten. Ich erklärte Cherry-Garrard, wir müssten noch eine zweite Schlittenreise machen, um zu versuchen, ob wir Scott und seine Kameraden nicht doch auffinden könnten; er war auch sofort damit einverstanden und bat nur um ein paar Tage Ruhe.

Am dritten Tag nach seiner Rückkehr brach er aber vollständig zusammen, sein Herz war überanstrengt. Hart traf ihn der Schlag, in dieser aufregenden Zeit untätig sein zu wollen, und auch mir wurde es schwer, ihm erklären zu müssen, dass er in diesem Jahr keine Schlittenreise mehr mitmachen dürfe. Aber geschehen musste etwas und ich schlug Keohane vor, allein mit mir zu kommen. Dieser war sofort dazu bereit und er hat sich während der ungemein anstrengenden Reise als sehr wertvolle Hilfskraft erwiesen. […]

Am 26. März brachen Keohane und ich mit Proviant auf 18 Tage für uns und fast einer Wochenration für die Polabteilung nach Süden auf.

Am 30. März waren wir im Ecklager. In Anbetracht des schlechten Wetters, der großen Kälte, der vorgerückten Jahreszeit und der Aussichtslosigkeit, Scott und seine Begleiter irgendwo anders als an einem bestimmten Punkt, z. B. einem Depot, zu finden, beschloss ich, von hier wieder zurückzugehen. Wir deponierten den mitgebrachten Proviant, um unsre Kameraden, falls sie hier anlangen sollten, instand zu setzen, die Hüttenspitze zu erreichen. An diesem Tag war ich im Innersten meines Herzens überzeugt, dass die Polabteilung umgekommen sein müsse, und tatsächlich hat auch Kapitän Scott am 29. März 20 Kilometer südlich vom Ein-Tonnen-Lager, etwa 180 Kilometer von uns entfernt, die letzten Zeilen in sein Tagebuch geschrieben. [...]

In der Hütte rief ich alle anwesenden Mitglieder der Expedition zusammen; ich erklärte ihnen die Sachlage, teilte ihnen mit, was schon geschehen sei und was ich noch weiter tun wolle, und bat sie um ihren Rat in dieser Zeit der Prüfung. Sie waren fast einstimmig der Ansicht, dass alles irgendwie Mögliche für Scott schon getan sei. Ein oder zwei Mitglieder schlugen vor, noch eine Fahrt zum Ecklager zu machen.

Auf der Suche nach den Verunglückten
Bei der Feier des Mittwintertages am 22. Juni 1912 entwickelte ich nach dem Essen den Kameraden meine Pläne für den herannahenden Sommer, legte ihnen meine Gründe dar und bat sie um ihr Urteil.

Ich sah zwei Möglichkeiten vor mir: Die erste war, südwärts zu ziehen, um das Schicksal Kapitän Scotts und seiner Begleiter festzustellen. Ich hielt es für sehr wahrscheinlich, dass sie in einer Spalte des Beardmoregletschers verunglückt seien. Ob wir nun ihre Leichen finden konnten oder nicht – auf jeden Fall war es höchst wünschenswert, bis an das gegen 1100 Kilometer von unserer Operationsbasis entfernte Obere Gletscherdepot zu ziehen; vielleicht war in einem der Depots ein Brief zu finden, aus dem sich entnehmen ließ, ob Scott sein Ziel erreicht hatte oder vor der Ankunft am Pol umgekehrt war. Der Bericht über die Expedition durfte nicht Fragment und eines seiner bedeutendsten Kapitel ein unbeschriebenes Blatt bleiben. [...]

Nach dieser Darlegung erklärten sich alle, Offiziere und Mannschaft, mit meinem Entschluss einverstanden, südwärts zu gehen und nach Scott Ausschau zu halten.

Mit mir waren die meisten überzeugt, dass Scott mit seiner Abteilung bei schlechtem Wetter auf dem Beardmoregletscher verunglückt sei, und keiner verfiel auf den

Gedanken, dass Krankheit mit dem Untergang unseres Führers irgendetwas zu tun haben könne.

[...] Am 30. Oktober 1/28 Uhr abends brach die Abteilung von 8 Mann und 7 Mauleseln auf.

Wright hatte das Kommando und ging als Führer voraus. Die Zeltgenossenschaften standen unter Wright und Nelson. Bis an das Ecklager sollte wegen des tiefen Schnees und der schlechten Oberfläche die Belastung der Maulesel nicht über 220 Kilo hinausgehen und jede Nacht sollten 22 Kilometer zurückgelegt werden.

Am 1. November brachen die beiden Hundegespanne mit Cherry-Garrard, Dimitri und mir selber auf, um den Eseln zu folgen. [...] Am nächsten Tag erreichten wir, trotz der schlechten Oberfläche, das Ecklager. Hier fand ich eine Notiz von Wright über den guten Fortschritt seines Marsches. In Zwischenräumen von 3 bis 6 Kilometern hatte er Wegzeichen aus Schnee errichtet, damit wir seiner Spur folgen könnten. [...]

Am Morgen des 5. November gelang es uns, die Maulesel einzuholen. Mit Rücksicht auf ihre Gesundheit und die Müdigkeit der Hunde beschloss ich, Menschen und Tieren an dieser Stelle einen Ruhetag zu gewähren.

[...]

Der Ruhetag hatte uns allen gut getan, und als wir bei wunderschönem Wetter weiterzogen, hatten wir die täglichen 22 Kilometer bald hinter uns.

Die Marschordnung war jetzt so, dass ein oder zwei Stunden nach dem Aufbrechen der Maulesel die Hunde folgten. Wenn Letztere etwas vor sich hatten, dem sie folgen konnten, und besonders wenn die Esel in Sicht kamen, änderte sich ihre Marschgeschwindigkeit mit einem Schlage wunderbar und sie liefen den ganzen Tag in gestrecktem Galopp vorwärts.

In der Nacht des 7. und am Morgen des 8. November waren wir am alten Bluffdepot, bauten es wieder auf und befestigten eine neue Flagge aus schwarzem Kattun an seiner Stange. Hier ließen wir zwei Kisten Hundekuchen zurück, als Vorrat für die Rückkehr. [...]

In der Nacht des 10. und dem Morgen des 11. November näherten wir uns dem Ein-Tonnen-Depot und gönnten uns hier einen halben Ruhetag. […]

In der Nacht des 11. marschierten wir weiter und am Morgen des nächsten Tages wurde vor uns ein Gegenstand sichtbar, der aus der Ferne wie ein Wegmal aussah. Vor ihm ragten Schneeschuhstäbe auf, vor diesen eine Bambusstange, wahrscheinlich der Mast eines Schlittens – *es war das Zelt Scotts und seiner Abteilung!* Es war fast unter Schnee begraben, lag aber genau in einer Reihe mit den Wegmalen, die wir im vergangenen Sommer errichtet hatten.

Drinnen im Zelt fanden wir Kapitän Scott, Dr. Wilson und Leutnant Bowers als Leichen vor. Sie hatten vor acht Monaten das Zelt so gut festgemacht, dass es allen Stürmen eines außergewöhnlich strengen Winters widerstanden hatte. Aus Kapitän Scotts Tagebuch erfuhr ich die Ursachen des Unglücks, und als alle meine Leute beisammen waren, las ich ihnen den Bericht über seine letzten Stunden, über den Tod des Deckoffiziers Evans und das heroische Ende von Rittmeister Oates vor.

Dann sammelten wir die Ausrüstung der Toten und gruben den Schlitten mit ihrem Gepäck aus. Darunter befanden sich 16 Kilo sehr wichtiger, auf den Moränen[18] des Beardmoregletschers gesammelter Gesteinproben, die sie auf Wilsons Bitten bis zuletzt mitgeschleppt hatten, auch dann noch, als ihnen das Verderben schon ins Gesicht starrte, und obgleich diese Proben die Last, die sie ohnehin zu ziehen hatten, sehr vergrößerten.

Ein Grab im ewigen Schnee
Als alles aufgepackt war, deckten wir die Leichen mit der äußeren Zelthülle zu und sprachen die Grabgebete. Dann warfen wir einen mächtigen Schneehügel über den Leichen auf, eine Arbeit, die bis zum nächsten Tag dauerte. Aus den Schneeschuhstöcken fügten wir ein schmuckloses Kreuz

---

[18] Vom Gletscher bewegter und angehäufter Schutt.

zusammen, richteten es auf dem Hügel auf und rammten, um noch ein Merkzeichen mehr zu haben, rechts und links von diesem Grab beide Schlitten aufrecht in den Schnee. Zwischen dem auf der Ostseite befindlichen Schlitten und dem Hügel brachten wir eine Bambusstange mit einem Metallzylinder an, worin wir folgende Urkunde niederlegten:

„Am 12. November 1912, 79° 50' südlicher Breite.

Dies Kreuz und dieser Hügel sind über den Leichen des Kapitäns Scott von der Königlichen Marine, Ritter des Viktoriaordens, des Doktors E. A. Wilson, Baccalaureus der Medizin, Ritters des Bathordens, ehemaligen Studenten der Universität Cambridge, und des Leutnants H. R. Bowers von der Königlich Indischen Marine errichtet worden, als ein bescheidenes Denkmal ihres erfolgreichen, kühnen Versuchs, den Pol zu erreichen. Dieser Versuch gelang ihnen am 17. Januar 1912, nachdem die norwegische Expedition ihnen zuvorgekommen war. Widriges Wetter und Mangel an Brennmaterial waren die Ursachen ihres Todes. Auch zur Erinnerung an ihre beiden tapfern Kameraden, Rittmeister L. E. G. Oates von den Inniskilling-Dragonern, der, um seine Kameraden zu retten, 35 Kilometer südlich von dieser Stelle in einen Orkan hinausging, um den Tod zu suchen, und Deckoffizier Edgar Evans, der am Fuß des Beardmoregletschers gestorben ist.

Der Herr hat's gegeben, der Herr hat's genommen, der Name des Herrn sei gelobt!"

Alle Mitglieder unserer Abteilung unterzeichneten diese Urkunde. Dann beschloß ich, mit der ganzen Expedition noch 37 Kilometer südwärts zu marschieren, um die Leiche des Rittmeisters Oates zu suchen.

Wir zogen den halben Tag, der uns noch geblieben war, südwärts und hielten uns so gut wie möglich auf der vorjährigen Marschlinie. Auf einem der alten Ponywälle, der nur noch wenig aus der Schneefläche emporragte, fanden wir Oates' Schlafsack, den die andern noch mitgenommen hatten, als er schon von ihnen gegangen war.

Am nächsten Tag drangen wir 24 Kilometer weiter nach

Süden vor und suchten eifrig nach der Leiche. Aber als wir die Stelle erreichten, wo Oates die andern verlassen hatte, sahen wir, dass auch nicht die geringste Möglichkeit vorlag, ihn zu finden. Der gütige Schnee hatte ihn bedeckt und unserm Kameraden ein würdiges Grab bereitet. Genauer war die Stätte seines Todes nicht festzustellen und wir errichteten deshalb hier einen zweiten Schneehügel, pflanzten ein kleines Kreuz darauf und hinterließen folgende Urkunde:

„Nicht weit von hier starb ein tapferer Mann, Rittmeister L. E. G. Oates von den Inniskilling-Dragonern. Im März 1912 ging er, auf der Rückkehr vom Pol, während eines Orkans freiwillig in den Tod, um seine in Bedrängnis geratenen Kameraden zu retten. Dies Protokoll hat die Entsatzexpedition hier im Jahr 1912 zurückgelassen."

Cherry-Garrard und ich unterzeichneten das Schriftstück.

Ich beschloss nun, hier umzukehren und wenn möglich alle Vorräte mit nach der Hüttenspitze zu nehmen. Am andern Tag kamen wir wieder an die Ruhestätte unsres toten Führers und seiner beiden Unglücksgefährten und sagten ihnen ein letztes Lebewohl. Ohne Veränderung und körperlichen Verfall werden sie hier ruhen, gebettet in einem Grab von Schnee, der ihnen den Tod brachte.

Unsere Rückreise verlief ohne besondere Begebenheiten. Zwei Maulesel mussten wegen ihres erschöpften Zustandes und weil wir Futter für die Hunde brauchten, getötet werden.

Am Morgen des 25. November erreichten die beiden Hundegespanne mit Cherry-Garrard, Dimitri und mir die Hüttenspitze, nachdem wir die Eselabteilung überholt hatten.

Edward Atkinson: Die Auffindung der Leichen Scotts und seiner Getreuen. In: Kapitän Scott. Letzte Fahrt, Bd. 2, Leipzig: F. A. Brockhaus 1927, S. 139 ff.

II. Scott ein Held? Unterschiedliche Reaktionen

1. Captain Scotts letzte Botschaft
(Daily Mirror, 12. Februar 1913)

CAPTAIN SCOTT'S DYING APPEAL

Last Inspiring Message Found in
Diary of Polar Hero.

"FOR THE HONOUR OF OUR
COUNTRY."

Stirring Words of Great Englishman
at Point of Death.

HOW A COMRADE DIED.

FOR my own sake I do not regret this journey, which has shown that Englishmen can endure hardship, help one another, and meet death with as great fortitude as ever in the past.

   (Signed) R. SCOTT
March 25, 1912.

Diese Worte aus den letzten, nicht überarbeiteten Tagebuch-Notizen von R. F. Scott sollten an jedem Ort, wo sich Engländer treffen, in goldene Lettern gefasst werden. Die Geschichte kennt kein edleres und kein erhabeneres Ende, keine bewegendere Todesbotschaft als diejenige von Captain Scott, dem Seemann aus Devonshire, der mit seiner

auf das Scheitern seiner Expedition

TO MANHOOD OF BRITAIN

Captain Scotts letzte Bitte an die Menschen Großbritanniens.
Letzte erregende Botschaft, gefunden im Tagebuch des Polarhelden.

„Zur Ehre unseres Landes."

Aufrüttelnde Worte des großen Engländers am Rande des Todes.

Wie ein Kamerad starb.

„Was mich betrifft, bedauere ich diese Reise nicht, die gezeigt hat, dass Engländer in der Lage sind, Mühsal zu ertragen, sich gegenseitig beizustehen und dem Tod zu begegnen mit so großer Tapferkeit wie je zuvor in vergangenen Zeiten."

(gezeichnet) R. SCOTT
25. März 1912

Gruppe tapferer Männer das südlichste Ziel modernen Entdeckungsgeistes erreichte und dessen Grab nun unter einem Kontinent aus Eis und Schneebergen liegt.

Drei blieben übrig. Sie kämpften weiter und kampierten nur elf Meilen von ihrem Lager entfernt, wo Nahrung und neues Leben auf sie warteten. Nur elf Meilen nach dem endlos weißen Marsch über 550 Meilen durch Eis und Schnee.

Die Nahrung und das Öl wurden knapper. Der Tod streckte seine Hand nach ihnen aus. „Wir sind schwach, das Schreiben fällt mir schwer", kritzelte der große Führer ins Tagebuch, aber er riss alle Kräfte zusammen, um eine aufrüttelnde Bitte zu formulieren; gewiss die beredteste, die je geschrieben wurde, gerichtet an Großbritannien: „dafür zu sorgen, dass unsere Angehörigen anständig versorgt werden".

Jedes Wort in jener tragischen letzten Botschaft geht über menschliche Vorstellungskraft weit hinaus, jeder Satz enthüllt die Tiefen des Leidens und des Heldentums; die äußerste Zurückhaltung, mit der ein Mann der Tat diese Botschaft hingeworfen hat, macht sie umso eindrucksvoller. „Dies (alles), zusammen mit einem kranken Gefährten, verstärkte unsere Ängste ungeheuer." Mehr erfahren wir nicht von den unvorstellbaren Qualen, die ihnen der stärkste Mann der Gruppe verursacht haben muss, und zwar dadurch, dass er sich in eine hilflose Last verwandelt hatte, wodurch ihre Kraftreserven schnell nachließen. „Wir wussten, es war die Tat eines tapferen Mannes, eines englischen Gentleman." Ein englischer Gentleman! Welch ein Ideal für alle Männer Englands! Ein Mann, der in den Schneesturm, in den Tod hinausging, damit er seinen leidenden Kameraden nicht zur Last falle. Unsterblich wie die letzten Worte von Philip Sidney[19] und Nelson[20] sollten die letzten Worte von Robert Scott sein, niedergeschrieben in den zäh dahinfließenden Stunden seines Todes in der großen weißen Wüste.

(Aus der Sonderbeilage der Spätausgabe des gestrigen „Daily Mirror" drucken wir im Folgenden Captain Scotts eigene Geschichte der antarktischen Katastrophe und seine letzte Botschaft an das britische Volk nach.) […]

---

[19] Englischer Dichter (1554–1586).
[20] Englischer Admiral (1758–1805), wurde in der Seeschlacht bei Trafalgar, in der die Engländer die Seemacht Napoleon I. besiegten, tödlich verwundet.

2. Nationale Ehrung der Toten: Der König in der St. Paul's Cathedral

(Times vom 15. 2. 1913)

St. Paul's Cathedral ist schon oft der Ort großer Feiern gewesen, aber diejenige, die gestern zum Gedächtnis von Captain Scott und seinen tapferen Gefährten abgehalten wurde, hält den Vergleich mit den größten aus. Was die Spontaneität, was die Menge derjenigen, die Einlass in die Kirche begehrten, was die Verehrung und das Mitgefühl aller Schichten des Volkes anbelangt, war sie eine bemerkenswerte Manifestation. Der König war da; die Regierung war vertreten durch den Premierminister und mehrere Kabinettsmitglieder; Botschafter und Minister ausländischer Staaten waren unter der Versammlung. Die nationalen Streitkräfte, wissenschaftliche Gesellschaften, das staatliche und das öffentliche Leben: Alle sandten bedeutende Vertreter.

So bemerkenswert diese Huldigung auch war: Sie wurde noch übertroffen durch die Anwesenheit Tausender einfacher Bürger, die ein ausgesprochen echtes Gefühl persönlichen Verlusts veranlasste, sich in solcher Zahl zu versammeln. Die Kathedrale war bis auf den letzten Platz gefüllt. Man schätzte, dass ungefähr 10000 Personen keinen Einlass mehr erhielten. Die Feier war auf 12 Uhr angesetzt, aber schon um 9.30 Uhr versammelte sich die Gemeinde und um 11 Uhr umgaben dichte Menschenmassen die Kathedrale und blockierten alle Zufahrtswege. Wirklich nur mit äußerster Schwierigkeit konnten prominente Persönlichkeiten Zugang zu dem Gebäude gewinnen. Die Luft war stickig, neblig und trist, aber die Menschen auf den Straßen gingen erst auseinander, als die Feier vorüber war.

Times vom 13. 02. 1913 berichtete von einem Beschluss des Londoner Erziehungskomitees: Nach diesem Beschluss soll an allen Schulen Englands ein Bericht über Scotts Expedition sowie Scotts letzte Tagebucheintragungen mit seiner „Botschaft an die Öffentlichkeit" vorgelesen werden.

3. „Captain Scotts Bitte wird nicht auf taube Ohren stoßen"
Die ergreifende Rede des Premierministers im Unterhaus Nationalstiftung.
Wie jeder Engländer auf die letzten Worte des Helden antworten kann.

(Daily Mirror vom 12. 2. 1913)

Erschüttert reagierte das Unterhaus gestern Abend auf den tragischen Tod von Captain Scott und seinen vier heldenhaften Kameraden.

Alle Häupter entblößten sich, als Mr. Austen Chamberlain mit tief bewegten Worten an den Premierminister den Appell richtete, der ergreifenden Bitte des Captains wohlwollend zu entsprechen.

In die tiefe Stille des Parlaments hinein sagte der ehemalige Finanzminister:

Meine Frage lautet, ob der Premierminister die letzte Botschaft Captain Scotts zur Kenntnis genommen hat und ob die Regierung der von Captain Scott vorgetragenen Bitte hinsichtlich der Angehörigen derjenigen, die – nach seinen eigenen Worten – „ihr Leben für dieses Unternehmen zur Ehre ihres Landes geopfert haben", positiv entsprechen wird.

Der Premierminister konnte nur mit größter Mühe sprechen; nur in der unmittelbaren Umgebung der Ministerbank konnte man ihn verstehen, als er sagte: „Wir stehen in diesem Augenblick unter dem tiefen Eindruck, den die letzte Botschaft Captain Scotts hervorgerufen hat. Sie hat eine der bewegendsten und ergreifendsten Äußerungen in der Geschichte dieses Landes, die Botschaft eines tapferen und standhaften Mannes, der dem tragischen Ende einer Laufbahn selbstaufopfernden Dienstes unmittelbar ins Auge sah.

Ich kann nur sagen, dass diese Bitte nicht auf taube Ohren stoßen wird."

Was wird England tun?
„[...] Gewiss, gewiss wird ein großes reiches Land wie das unsrige dafür sorgen, dass unsere Angehörigen anständig versorgt werden."

Dies waren die letzten Worte, die Captain Scott schrieb, bevor er sich, von Erschöpfung und Hunger überwältigt, in den Schnee legte, um zu sterben.

Was wird England tun? Alle Versammlungen gestern in London galten dem einen Ziel, eine Stiftung zu gründen, um den Angehörigen der verehrten Toten zu helfen. [...] Auf einer Versammlung des Komitees der britischen Antarktis-Expedition wurde dann beschlossen, eine Stiftung zur Unterstützung der Angehörigen ins Leben zu rufen.

Diese Bitte fährt nach dem Zitat der letzten Worte Captain Scotts wie folgt fort:

„Niemand kann Captain Scotts letzte Worte lesen ohne Bewunderung und Mitleid und ohne das Gefühl der Verpflichtung, diesen letzten Wunsch zu erfüllen. Als das für die missglückte britische Antarktis-Expedition verantwortliche Komitee wagen wir es, die Menschen dieses Landes zu fragen, ob sie Captain Scotts letzte Worte erfüllen wollen.

Wir wissen, dass es Captain Scotts Wunsch war, den Mitgliedern der Expedition ihren Lohn nicht vorzuenthalten, obwohl viele von ihnen freiwillig auf einen Teil davon verzichten wollten.

Wir sind sicher, unsere Landsleute wünschen, dass diese Schuld beglichen wird und dass für alle Angehörigen der tapferen Männer gesorgt wird, die klaglos ihr Leben gelassen haben für die Ehre ihres Landes und den Fortschritt der Wissenschaft.

(Schecks können überwiesen werden an den Schatzmeister Sir Edgar Speyer, 7 Lothbury E.C.)"

4. Scott und Amundsen

(Aftenposten vom 12. Februar 1913, Abendausgabe)

Schnell, sicher und ohne das geringste Unglück erreichte Roald Amundsen den Südpol und kehrte mit seinen Begleitern in guter Verfassung nach Hause zurück. Erst einen Monat später gelang es Scott, unter ungeheuren Anstrengungen ebenfalls den südlichsten Endpunkt der Erdachse zu erreichen. Doch die Nachricht, dass auch er die Reise zum Südpol geschafft hat, wird eingeholt von der traurigen Botschaft, dass er und all seine Begleiter auf dem Rückweg von ihrer Entdeckungsreise den Tod gefunden haben. [...]

Scotts tragisches Schicksal wird aufs Neue das Bewusstsein dafür schärfen, welch übermäßige Reserven an Energie, Ausdauer, Kraft, Umsicht und Heldentum Entdeckungsreisen in die Polgebiete von Führern und Teilnehmern erfordern.

Das glanzvolle Vorgehen Roald Amundsens könnte einen beinahe zu der Annahme verleiten, die Entdeckung des Südpols ginge ganz spielerisch vor sich. Amundsens einfache Darstellung der Wanderung über die antarktischen Felder und Eisgebirge gleitet leicht über die Schwierigkeiten hinweg. Von den Gefahren spricht er nur wenig. Was er geleistet hat, welche Hindernisse und Gefahren er überwunden hat, erkennt man am deutlichsten jetzt, wo sich das Grab über seinem starken und tapferen Konkurrenten im Wettlauf um den antarktischen Siegespreis geschlossen hat. Es ist, wie schon früher an anderer Stelle hervorgehoben, kein Zufall, dass der Norweger Amundsen und nicht der Engländer Scott die Flagge am Südpol gehisst hat. Die über lange Zeit hinweg gesammelten Erfahrungen der Norweger, was Planung und Ausführung von Polarexpeditionen anbelangt, nicht weniger als ihre Genügsamkeit und ihre Fähigkeit, mit wenigen Mitteln zurechtzukommen, gab ihnen einen bedeutenden Vorsprung vor den Engländern.

Was den Mut und die Kraft angeht, stand Scott sicherlich

nicht hinter Amundsen zurück und von der hartnäckigen Ausdauer des englischen Marinekapitäns ist das Ergebnis seiner Entdeckungsreise ein sicheres Zeugnis. Er konnte und wollte nicht weichen. Es gab für ihn keinen Gedanken daran, auf halbem Wege stehen zu bleiben. Schritt für Schritt kämpfte er sich vorwärts, bis das Ziel erreicht war.

Es war ihm vom Schicksal nicht bestimmt, ans Ziel zu kommen und Ehre und Anerkennung für den Sieg zu ernten. Der Tod holte ihn, und die mit ihm waren, ein, als sie nach vollbrachter Tat auf ihrem Wege nordwärts strebten. Aber die Botschaft darüber, was er erreicht hat, wurde von seinen Landsleuten und von der Welt vernommen. Am Südpol weht nun außer der norwegischen Flagge auch die englische und in Zukunft, wenn über die Entdeckungsgeschichte des Südpols berichtet wird, werden die Namen Amundsen und Scott zusammen erwähnt werden. Amundsen kam zuerst ans Ziel und gewann den vollen Glanz des Sieges, während der Einsatz Scotts in der Antarktisforschung weder vergessen werden wird noch vergessen werden kann, genauso wenig wie sein tragischer Tod.

5. Was geschah am Südpol?

(Leipziger Neueste Nachrichten vom 23. 2. 1913)
Unser Londoner Korrespondent beleuchtet aufgrund authentischer Berichte in nachstehendem Aufsatz das Ende der viel genannten Scott'schen Südpolexpedition. Die Folgerungen, zu denen er übereinstimmend mit anderen objektiven Beurteilern kommt, sind so interessant und werfen ein so eigenartiges Licht auf den englischen Heroenkult, dass wir diese Ausführungen unseren Lesern nicht vorenthalten zu dürfen glauben.   D. Red.

In England wird ein Heldenkult getrieben, den man in Deutschland nicht nur übertrieben, sondern krankhaft nennen würde. Das hat sich ganz besonders deutlich beim Untergange der „Titanic" gezeigt, wo pflichtvergessene

Offiziere und Mannschaften, die sich zum Teil auf Kosten der Passagiere retteten, zum Teil in der von ihnen verschuldeten Katastrophe untergingen, wie Männer gefeiert wurden, die der Welt einen außerordentlichen Dienst geleistet haben.

In der Art, wie heute die Katastrophe am Südpol aufgenommen wird, offenbaren sich dieselben Erscheinungen krankhaften Heldenkults. Den Brief, den Kapitän Scott hinterlassen hat, nennen englische Redner „das Ruhmesblatt, das nie sterben wird". Allen Schulkindern Großbritanniens ist dieses „Ruhmesblatt" am gleichen Tage und zur gleichen Stunde vorgelesen worden. Die Zeitungen erklären es als eine großartige literarische Leistung, die nur mit gewissen Glanzstellen der Bibel verglichen werden könne.

Es verlohnt sich kaum der Mühe, auf diese überschwänglichen (– um nicht einen härteren Ausdruck zu gebrauchen –) Lobeslieder einzugehen. Kapitän Scotts Brief beginnt mit einer Entschuldigung: Man möge nicht glauben, dass die Katastrophe durch nachlässige Organisation der Expedition verursacht worden sei! Er kann diese Zeilen nur geschrieben haben, weil er selbst unter dem Eindruck stand, dass alle Umstände auf schlechte Organisation hindeuteten.

Sachverständige, welche die Terra Nova seinerzeit in Cardiff besuchten, als sie für die Ausreise nach dem Südpol ausgerüstet wurde, hatten mancherlei zu tadeln; namentlich aber waren sie erstaunt über die riesigen Quantitäten von Spirituosen aller Art, die auf Kosten viel nützlicherer Dinge Platz in den Lagerräumen des Schiffes gefunden hatten. Einem kontinentalen Südpolforscher gegenüber äußerte einer der Offiziere der Terra Nova, dass man die Spirituosen ja im Notfalle als Brennmaterial verwenden könne.

[...]

Kapitän Scott hatte, ehe er den letzten Vorstoß nach dem Pol unternahm, gehört, dass Kapitän Amundsen gleichfalls auf dem Wege dorthin war. Er musste seine Vorbereitungen sehr beschleunigen, um sich nicht von dem Norweger den Rang ablaufen zu lassen. Es ist deshalb wohl möglich, dass die

Depots, die in Zwischenräumen von 65 Meilen errichtet wurden, um ihn auf der Rückreise mit Proviant zu versehen, nicht mit der nötigen Rücksicht auf die Bedürfnisse der Expedition ausgestattet wurden.

Als der Forscher endlich am Pol anlangte, fand er, dass ihm der Norweger in der Tat zuvorgekommen war. Den Pol als Erster zu erreichen, was das Lebensziel Kapitän Scotts. Man kann sich denken, wie niederschmetternd der Anblick von Amundsens Zelt in der Schneewüste auf ihn und seine Kameraden gewirkt haben muss. Ganz England war an dem Unternehmen interessiert, hatte mit großen Kosten diese Expedition ausgestattet. In Tausenden von Zeitungsspalten waren die Heldentaten Scotts schon im Voraus besungen worden. Mit fliegenden Fahnen zog er aus, er kannte die Gefahren des Südpols besser, als jeder andere, er glaubte sie leichter und schneller überwinden zu können, als jeder andere. Mehr als tausend Meilen ging die Reise über Eis und Schnee – viel schneller, als auf seiner ersten Südpolfahrt, und da – an dem heiß ersehnten Ziele – flatterte bereits die norwegische Flagge. Der bescheidene Nordländer hatte nicht große Worte geredet, hatte nicht einmal besondere Vorbereitungen getroffen, sondern einfach „einen Abstecher nach dem Südpol gemacht", ehe er seine große Nordpolfahrt antrat. Wie von einem „Abstecher" spricht Amundsen in seinen Berichten über die Fahrt und macht es über allen Zweifel klar, dass dazu kein übermäßiger Heldenmut gehörte, ja, dass die Strapazen, die uns bisher so grausig ausgemalt worden waren, mit einiger Vorsicht und Umsicht leicht zu überwinden seien.

[…]

Die Reise geht weiter und Kapitän Scott erzählt, dass viele Meilen nördlicher Kapitän Oates „freiwillig in den Tod ging". Kapitän Oates hatte sich Hände und Füße erfroren. Scott gibt seltsamerweise keine Auskunft darüber, wo, wann und unter welchen Umständen das geschehen ist. Wenn sich die Gesellschaft um Kapitän Oates ebenso wenig kümmerte, wie um den Unteroffizier Evans, so ist sein Missgeschick leicht erklärlich. […]

„Er erwachte aus dem Schlafe, von dem er nimmer zu erwachen gehofft, befreite sich aus dem Pelzsack und ging in den Schneesturm hinaus dem Tod entgegen. Alle unsere Versuche, ihn abzuhalten, waren vergebens!"

Nur ein kritikloses Volk wie das englische kann sich weismachen lassen, dass es unmöglich ist, einen von Krankheit und Entbehrung erschöpften Mann, dem Hände und Füße erfroren sind, abzuhalten, das Zelt zu verlassen. Hier klafft eine Lücke und es ist unbedingt notwendig, dass wir über das Ende von Oates mehr erfahren.

„Er starb als ein mutiger Gentleman und als ein Engländer" steht auf dem Kreuze geschrieben, das man Oates zum Andenken in der Schneewüste aufgepflanzt hat, und von Millionen Zungen wird das in Großbritannien mit unverhüllter Selbstschmeichelei wiederholt. Es bedarf keiner Hellsehergabe, um zu erkennen, was den armen Teufel wirklich in den Tod getrieben hat.

[...]

Bleibt noch die Frage übrig, was den Tod der drei letzten Teilnehmer der Südpolfahrt verursacht hat. Amundsen und Shackleton wollen nicht glauben, dass der Blizzard oder Not und Entbehrung Schuld hatten. Nansen meinte, es müsse Skorbut[21] gewesen sein. Aber der Arzt Atkinson, der die Leichen auffand, erklärte mit Bestimmtheit, dass keine Spuren von Skorbut vorhanden waren. Leutnant Evans, der jetzt die Expedition befehligt, hat dem Arzte verboten, mehr zu sagen. Leutnant Evans selbst erklärt, es könne keinem guten Zweck dienen, die „entsetzlichen Umstände", unter denen die drei Forscher starben, der Öffentlichkeit preiszugeben.

Englischerseits wird kein Versuch gemacht werden, Aufklärung zu schaffen, denn das könnte ihre Helden des Ruhmeskranzes berauben. Aus demselben Grunde hat man sich nun auch gehütet, die Leichen nach der Küste oder nach Hause zu bringen.

---

[21] Eine Krankheit, die durch Mangel an Vitamin C ausgelöst wird. Diese Krankheit äußert sich in Zahnfleischblutungen, Zahnausfall und Kräftezerfall.

6. Die Forschungsergebnisse der Scott'schen Expedition

(Neue Zürcher Zeitung vom 25. 2. 1913)
Dass die Scott'sche Südpolexpedition nicht bloß auf Polstürmerei angelegt war, sondern vielseitige Forschungen verfolgte und auch solche in großem Umfange erzielte, zeigt sich jetzt in deutlicher Weise.

Die Ergebnisse betreffen verschiedene Zweige der Geografie, vor allem die Beschaffenheit der von der englischen Expedition berührten Teile des antarktischen Festlandes sowie die klimatischen Verhältnisse, und sie konnten umso ergiebiger ausfallen, als Marinekapitän Scott nicht bloß auf seiner Schlittenexpedition zum Pol von wissenschaftlichen Teilnehmern begleitet war, darunter Dr. Wilson, der Chef des wissenschaftlichen Stabes, sondern gleichzeitig auch noch weitere besondere Forschungsabteilungen nach Norden und Westen ausgesandt hatte. Besonders interessante Forschungsergebnisse brachte die geologische Arbeit, die zahlreiche Versteinerungen zutage förderte und den Nachweis lieferte, dass in der Antarktis in zwei Erdperioden ein gemäßigtes Klima geherrscht hat, ähnlich wie dies in der nördlichen Eisregion der Fall war … Ferner glaubt man nachgewiesen zu haben, dass Australien und Südamerika einst durch das antarktische Festland miteinander in Verbindung standen. Bei Granit Harbour an der Ostküste des Viktorialandes, wo die Nordpartie des Leutnants Campbell arbeitete, sind Steinkohlen gefunden worden, die aber so schwer erreichbar waren, dass eine Verwendung nicht in Frage kommt. […]

[…]

Geologische Forschungen sind auch von der Südpartie, der Scott'schen Schlittenexpedition, ausgeführt worden, die zudem ihre meteorologischen Beobachtungen bis zum März 1912 fortsetzte, wo das Thermometer zersprang. Überhaupt gereicht es Scott zur höchsten Ehre, dass er selbst bei einem so gewaltigen Unternehmen, wie einer Wanderung vom Winterquartier am 78. Breitengrad, die schon an und für sich alle Kräfte der Teilnehmer in Anspruch nimmt, nicht unterließ, auf dem ganzen Wege noch Forschungen auszuführen. Da die Tagebücher Scotts geborgen werden konnten, werden wenigstens die letzten Arbeiten dieses Helden der Polarforschung der Wissenschaft zugänglich sein.

Bei der Art der Ausrüstung der englischen Südpolexpedition kann es nicht fehlen, dass diese Expedition wertvolle Winke für die polare Reisetechnik liefert. Dass der Motorschlitten, wie ihn die heutige Technik herzustellen imstande ist, kein zuverlässiges Hilfsmittel für weite Reisen in der Eisregion bildet, kann jedoch schon als erwiesen gelten. Die Maulesel, die von der zur Aufsuchung Scotts abgesandten Hilfsexpedition benutzt wurden, waren von größerer Leistungsfähigkeit als die Ponys, die ebenfalls einen wesentlichen Bestandteil der Ausrüstung Scotts darstellten. Aber bis auf weiteres müssen noch immer die Eskimohunde als die geeignetsten Zugtiere für Polexpeditionen betrachtet werden und es war offenbar ein Mangel, dass Scott nicht mehr davon besaß, sonst wäre wohl seine Abteilung auf der Heimreise vom Pol dem tragischen Geschick entgangen, wenige Meilen vom nächsten Depot an den Folgen erlittener Entbehrungen zugrunde zu gehen.

Neben den Forschungsergebnissen stehen die abenteuerlichen Erlebnisse der englischen Südpolarforschung so stark im Vordergrund, dass die Schilderung des Expeditionsverlaufs nichts an Spannung zu wünschen übrig lassen dürfte. [...]

In ihrer Gesamtheit kann die Scott'sche Expedition, namentlich im Hinblick auf die unter den schwierigsten Verhältnissen errungenen Forschungsergebnisse, als eine der glänzendsten Taten der englischen Polarforschung bezeichnet werden, die, wie einst in den nördlichen Polargebieten, so jetzt in der Antarktis, eine großartige Forschungsarbeit vollbracht hat, indem die Entdeckung und Erforschung des Viktorialandes von der Nordspitze bis hinauf zum Südpol – des größten bisher bekannten zusammenhängenden Teils der Antarktis – das Werk englischer Expeditionen ist.

F. Mewius (Berlin)

7. „Wir werden sterben wie Gentlemen"

Eine neue Untersuchung über Scotts und Amundsens Wettlauf zum Südpol (DER SPIEGEL 24. 12. 79)
[...]

Der Wettlauf zum Südpol, das war die letzte auf dieser Erde mögliche Entdeckungsfahrt und zugleich die erste, die wie die Eisexpeditionen gen Norden in keine wundersame neue Welt mehr führte, sondern in ein lebloses, frostklirrendes Nichts. Die erste auch, die den erobernden weißen Mann nicht mehr mit exotischen Völkern konfrontierte, sondern ihn sich selbst, seinen Ambitionen, dem eigenen Charakter, der Frage nach dem Sinn seiner Unternehmungen auslieferte.

Die doppelte Südpolfahrt war das letzte originale Abenteuer auf dem Weg des Menschen, die Erde zu erforschen und sie sich zu unterwerfen. Sie war zugleich das erste einer neuen Art von Abenteuer, das zum Selbstzweck wird, zum theatralischen Effekt und zu einer Schau, die den Hunger der großstädtischen Massen und ihrer Massenmedien nach neuen Helden und zeitgemäßen Heldensagen stillen soll.

Den Untergang des Captain Scott und seiner Männer feiert Sir John Hackett noch heute im „Observer" als moderne „griechische Tragödie" – ganz im Sinne der Legende, die schon Robert Falcon Scott selbst zu weben begann, als er in dem sturmumtosten Zelt mit steif gefrorenen Fingern seine Abschiedsbotschaft formulierte: „Unser Schiffbruch ist mit Bestimmtheit diesem plötzlichen Schlechtwettereinbruch zuzuschreiben. [...] Ich glaube nicht, dass Menschen jemals einen solchen Monat durchgemacht haben wie den, der hinter uns liegt. [...] Ich bereue diese Reise nicht, die gezeigt hat, dass Engländer noch immer mit ebenso großer Seelenstärke wie je in der Vergangenheit Härte ertragen, einander beistehen und den Tod auf sich nehmen können."

Nicht nur für Engländer und nicht nur in englischen Schulbüchern wurde Captain Scott zu einer exemplarischen Gestalt, zu einem Märtyrer des Forscherdrangs, zu einem stillen und unkriegerischen Heros des 20. Jahrhunderts, der gegen ein widriges Geschick bis zum letzten Atemzug ankämpft und über sein bitteres Ende durch die Gefasstheit triumphiert, mit der er es duldet. Es entsprach durchaus der Hochachtung, die dem britischen Mariner in der westlichen Welt und sogar in der Sowjetunion gezollt wurde, dass Stefan Zweig 1927 den „Kampf um den Südpol" gleichrangig mit den Reisen des Kolumbus zu einer „Sternstunde der Menschheit" erhob.

Unfug – sagt Roland Huntford dazu, ein Engländer und Korrespondent des „Observers": Unfug und Humbug. Scott sei kein tragischer Held, sondern ein „heroischer Stümper" gewesen, sein widriges Geschick kein höheres Verhängnis, sondern ein durch „typisch britische Schlamperei" und persönliche Unfähigkeit selbst verschuldete Misere, keine griechische, eher eine Slapstick[22]-Tragödie.

Der Captain, behauptet Huntford, verkörpere durchaus nicht nur die Tugenden, die Britannien einst groß gemacht haben und dem Inselvolk in schlimmen Stunden halfen, die Ohren steif zu halten. Scott stehe vielmehr für eben die Sorte von arrogantem Dilettantismus und nassforscher Wurstelei, die Scotts eigene Expedition scheitern ließ und mit der Zeit das ganze Vereinigte Königreich in immer ärgere Unannehmlichkeiten gebracht habe.

Auf 580 Seiten (plus 85 Seiten Anmerkungen und Quellenangaben) untersucht Roland Huntford die berühmteste Abenteuergeschichte des Jahrhunderts in einem Buch mit dem schmucklosen Titel „Scott & Amundsen". Es ist vor kurzem in London erschienen und hat viel böses Blut gemacht bei all den Briten, die verflossener Glorie nachtrauern und sich diesen nahezu letzten undemolierten Mythos nicht auch noch rauben lassen wollen.

[…]

Scott und seine Begleiter benutzten Polarhunde, Schlitten und Skier. Doch sie hatten es nicht für nötig befunden, die ungewohnte Fortbewegung auf norwegischen Langlaufbrettern vorher bei Fachleuten zu erlernen. Sie stolperten los

---

[22] Clown-Komödie, die auf rauer klamaukartiger Komik wie in Buster Keaton-Filmen beruht.

wie ein Anfängerkurs auf dem Idiotenhügel, fanden keinen Rhythmus und „vergeudeten Kraft bei jedem Schritt".

Noch weniger verstanden sich die drei Navy-Offiziere auf den Umgang mit den rauen Huskys vor ihren Schlitten. Sie machten bei der Ernährung, beim Anschirren und beim Treiben der Hunde so viele Fehler, dass das erste von 19 Tieren schon nach kurzer Zeit verendete. Die übrigen waren hungrig genug, den frischen Kadaver ihres Artgenossen zu verschlingen. [...]

Die drei Engländer hatten Hungerfantasien, weil Scott den Proviant zu knapp kalkuliert und nicht einen Tag Sicherheitsmarge vorgesehen hatte. Sie wurden von schleichender Panik entnervt, als sie ihr Vorratslager für den Rückmarsch in der weißen Ödnis zunächst nicht finden konnten, weil Scott es nur mit einem Fähnchen völlig unzureichend hatte markieren lassen.

Nur „schieres Glück", meint Roland Huntford, habe diesen ersten Scott'schen „Wettlauf mit dem Tod"[23] gerade noch gut gehen lassen. Ein einziger Blizzard[24] hätte schon zu diesem Zeitpunkt das Ende bedeutet, das Scott und Wilson neun Jahre später fanden.

[...]

Tödlich war (bei der zweiten Südpol-Expedition Scotts) allein schon, wie er das Transportproblem behandelte. Zwar nahm er 32 Schlittenhunde mit in die Antarktis. Aber bei seiner „Discovery"-Reise hatte er eine so heftige Aversion gegen die Huskys entwickelt, dass er sich auf sie nicht verlassen wollte. So setzte er, von einem technisch versierten Bekannten dazu angeregt, bei der Vorbereitung der Expedition zunächst auf neumodische „Maschinen". Unter beträchtlichen Kosten ließ er drei „Motorschlitten" bauen – frühe Raupenfahrzeuge mit ähnlichen Konstruktionsmerkmalen wie die „Schneekatzen", mit denen der Engländer Vivian Fuchs 47 Jahre später die Antarktis durchquerte.

Trotz pannenreicher Testläufe nahm Scott die drei

---

[23] Bezug wird hier auf Scotts erste Südpolexpedition von 1903 genommen.
[24] Verheerender Schneesturm.

Vehikel mit und versetzte Amundsen in große Unruhe ob dieser Wunderwaffe. Der Norweger konnte nicht ahnen, dass ein Motorschlitten schon beim Ausladen in der McMurdo-Bucht vom Haken rutschte, durch eine Eisscholle krachte und versank. Die beiden anderen mussten nach wenigen Meilen als Totalausfälle aufgegeben werden. [...]

Ungeachtet ihrer sibirischen Herkunft erwiesen sich (auch) die Ponys als völlig ungeeignet für das Killerklima des Eiskontinents. [...] Sie litten jämmerlich in dem Wind, der nur einmal wärmer wurde als 22 Minusgrade Celsius. [...]

Vor allem brachen die Pferde bei jedem Schritt durch die Schneekruste und sanken bis zu den Knien, oft bis zum Bauch ein. [...] Nach vier Wochen Marsch mussten sie das erste Pony erschießen, weil es sich vor Entkräftung nicht mehr rühren konnte – und so weiter alle paar Tage. [...] Schwachsinn als Sportgeist. Denn was die Norweger am meisten fürchteten und unbedingt vermeiden wollten, war eine Situation, in der sie gezwungen wären, ihre Schlitten selber zu ziehen. Doch genau dies hatte Captain Scott von vornherein einkalkuliert, sogar beabsichtigt.

650 Kilometer vor dem Südpol waren nicht nur seine Ponys hinüber. Jetzt schickte er auch noch die beiden Hundeteams nebst Treibern zurück, die ihn mit Vorräten für Proviantlager bis zu diesem Punkt begleitet und sich „glänzend bewährt" hatten. [...]

Scott wollte das nicht wahrhaben. Mit elf verbleibenden Leuten zog er drei je 400 Kilo schwere Schlitten elf Tage lang den Beardmore-Gletscher hinauf – meist im Grätenschritt auf Skiern, mit denen die Briten noch immer nicht zurechtkamen. [...]

Vom oberen Rand des Gletschers schickte Scott weitere vier Leute zurück. Acht Mann mit zwei Schlitten keuchten weiter in der dünnen Luft des Eisplateaus. Aber Robert Falcon Scott schien die Strapazen zu genießen.

Er „lieferte dem britischen Publikum die heroische Selbstkasteiung, die er so erbaulich fand", meint Chronist Huntford. Mit seinen 43 Jahren „besaß Scott großen körperlichen Mut und phänomenale Ausdauer. [...] Es war, als ob er sich durch physische Kraft Selbstbestätigung verschaffen wollte. [...] Auf dem Marsch hatte Scott eine irrationale, fast sadistische Lust daran, seine Gefährten zur Erschöpfung zu treiben. [...]"

Scott forcierte das Tempo und erzwang manische[25] Zweikämpfe mit dem Team des anderen Schlittens – ein Kommandant der Royal Navy, der sich in der Todeszone aufführt wie ein pubertierender Raufbold auf einem Rugbyfeld. Schlimmer: wie ein Schleifer. Denn am Silvestertag 1911 befahl er dem anderen Team, die Skier abzuschnallen. [...]

Vier Mann (mit Scott) sollten die letzten 280 Kilometer zum Pol gehen. [...] Ein grotesk und ergreifend donquijotisches Häuflein schleppte sich unverdrossen tiefer in die Ödnis, vier Mann auf Skiern vor den Schlitten und einer zwischen ihnen, der die 20 bis 25 Tageskilometer in neun, oft zehn martervollen Stunden mit bloßen Stiefeln abstapfte (als fünfter Mann war Henry Bowers dazugekommen). [...]

Huntford nennt Indizien, die darauf hindeuten, dass Scott seit dem Ende von Oates nicht nur fürchtete, sondern entschlossen war, nicht lebend in die Zivilisation zurückzukehren. Er habe die Vorstellung nicht ertragen, sich in England für sein Scheitern und für den Tod seiner Männer verantworten zu müssen. Durch den Tod aller dagegen würde sich sein Versagen in einen heroischen Opfergang verwandeln, in einen moralischen Triumph.

„Wilson und Bowers wurden überredet, sich mit ihm hinzulegen und auf das Ende zu warten, obwohl andere Männer in gleicher Lage von ihrem Instinkt getrieben wurden, weiterzumachen bis zum letzten Atemzug. Mindestens neun Tage lagen sie in ihren Schlafsäcken, während ihre letzten Nahrungs- und Brennstoffreserven zu Ende gingen und ihr Leben verebbte. Sie schrieben Abschiedsbriefe in dem Glauben, eines Tages gefunden zu werden.

---

[25] Krankhaft.

Das war wohl auch das Argument, das Scott wahrscheinlich benutzte, um Wilson und Bowers dazu zu bringen, sich niederzulegen und im Zelt zu warten. Wenn sie draußen umgekommen wären, wären sie und ihre Aufzeichnungen verloren gewesen. Im Zelt bestand die Chance, dass man sie findet und ihre Geschichte so vor dem Vergessen bewahrt würde."

Eine Vermutung nur, aber eine zwingende. Sie wird beglaubigt durch die unerhörte Konzentration und Zähigkeit, mit der Scott in diesen letzten Tagen testamentarische Briefe und Rechtfertigungsbotschaften verfasst hat [...]

Beim Herannahen des Todes steigerte sich Scott wie ein Märtyrer in einen Zustand der Verzückung. In seinem Schlafsack bereitete er seinen legendären Nachruhm vor – und schien ihn schon im Voraus auszukosten.

Kathleen Scott hatte ihren Wagner-Helden nebst dazugehörigem Untergang. Und Britannien hatte eine aktuelle Symbolgestalt für den hirnamputierten Heroismus und den halb religiösen, halb patriotischen Kult sinnloser Selbstaufopferung, der auf der Insel ebenso um sich griff wie im deutschen Kaiserreich. Er machte die sinnlosen Blutbäder des Ersten Weltkriegs möglich: Langemarck, Verdun und den 1. Juli 1916 an der Somme, als britische Freiwillige dicht gedrängt und ohne Deckung, ganz „im Geiste Scotts" (wie ein Berichterstatter nicht zu erwähnen vergaß), in das deutsche Maschinengewehrfeuer hineinmarschierten.

Robert Falcon Scott, meint Huntford, sei „ein passender Held für eine niedergehende Nation" gewesen. Obwohl Britannien nach außen hin auf dem Höhepunkt seiner Weltmacht stand, hätten die Engländer auch da schon deutlich genug geahnt, dass ihre ökonomische und politisch-militärische Potenz nicht ausreicht, ihr Empire noch viel länger aufrechtzuerhalten. Deshalb hätten sie eine Schwäche für „glorreiches Scheitern" entdeckt.

[...]

Wilhelm Bittorf

Der Spiegel Nr. 52, 33. Jahrgang, 24. Dezember 1979, S. 154–163.

IV. Informationen über die Antarktis und ihre Erforschung

1. Lexikonartikel

Antarktis, Land- und Meeresgebiete um den Südpol. Während um den Nordpol eine mit Treibeis bedeckte Tiefsee liegt, befindet sich der Südpol in der Mitte einer großen Landmasse *(Antarktika)*, die mit 12393000 km² (einschl. der Schelfeistafeln (13975000 km²) als eigener Erdteil angesehen werden muss. Nach dem Volumen über dem Meeresspiegel (28,6 Mill. m³) ist Antarktika nach Asien (42,5 Mill. m³) der zweitgrößte aller Kontinente.

Antarktika ist der Kontinent des ewigen Eises. Das gesamte Innere wird von einer riesigen Inlandeisdecke eingenommen, die in den zentralen Teilen bis 4270 m ansteigt und zunächst langsam, dann jedoch rasch zu den Küsten hin abfällt. Die Mächtigkeit dieser Inlandeisdecke beträgt im Mittel 1720 m, die größte Eisdicke ist südl. des Pazifik mit 4335 m gemessen worden. Das Volumen der Eismasse umfasst 23,4 Mill. m³ (ohne Schelfeis).

Randl. ist diese riesige Eistafel durch morpholog. Sondererscheinungen unterbrochen. Hohe Gebirge ragen aus der Eisdecke auf und zwingen das Eis, in Form von Riesengletschern zwischen den Gebirgsblöcken abzufließen; die Gletscher schieben sich teils als Zungengletscher viele Kilometer weit ins Meer oder vereinigen sich zu riesigen schwimmenden Eistafeln, die durch Abschmelzung von der Unterseite und Schneeauflagerung an der Oberfläche allmähl. völlig eben werden und mit einer Mächtigkeit von 350 bis 700 m auf dem Meerwasser schwimmen.

An den Fronten gegen das offene Meer schieben sich diese Schelfeistafeln in verschiedenen Geschwindigkeiten seewärts. Durch Gezeitenhub und Stürme brechen oft riesige Tafeln ab, die als Tafeleisberge in das offene Meer treiben. Einer der größten Eisberge wurde am 17. Nov. 1956 gesichtet; er maß 31000 km², etwa die doppelte Fläche von Schleswig-Holstein.

[...]

Der höchste Punkt der A. ist der Mount Vinson (5140 m). Das eisfreie Gebiet nimmt eine Fläche von etwa 200000 km² ein. Die größte zusammenhängende eisfreie Fläche liegt im Victorialand und ist nur 2500 km² groß. Die Berge, die wie Inseln aus dem Inlandeis herausragen, sind eisfrei. Typisch sind Trockentäler, verlassene Gletscherbetten, die heute von Seen erfüllt sind und von Schmelzwasserbächen gespeist werden. Der größte ist der Vandasee (7,2 km lang, 2,1 km breit und 67 m tief [...]

Das *Klima* des antarkt. Kontinents kann man als polares Wüstenklima bezeichnen: sehr kalte Winter, kühle, kurze Som-

mer und sehr geringe Niederschläge. [...]
Die Luft in der A. ist außerordentl. trocken und durch die extreme Kälte auch frei von Bakterien. [...] Die tiefste Bodentemp., die je auf der Erde gemessen wurde, erreichte am 24. Aug. 1960 die Station Wostok (78° 27' s. Br., 106° 52' ö. L.; 3420 m ü. d. M.) mit −88,3 °C. Nicht viel höher lag die tiefste Temp. der Station Sowetskaja (78° 24' s. Br., 87° 35' ö. L.; 3570 m ü. d. M.) mit −86,8 °C (17. Aug. 1958), und diese Station hat auch das tiefste Monatsmittel auf der Erde zu verzeichnen, das bei −71,8 °C im August liegt. Beide Stationen haben ein Jahresmittel von −56 °C. Die höchste auf diesen Stationen gemessene Temp. ist −21 °C. Gegen die Küsten zu, wo das Meer erwärmend wirkt, steigen die Temperaturen stark an. Sie erreichen je nach Breitenlage im Jahresmittel −20 bis −11 °C. Obwohl die Wintertemperaturen mit −30 bis −19 °C auch sehr niedrig sind, sorgen öfter Einbrüche von Warmluft durch Tiefdruckwirbel für starkes Ansteigen, mitunter um 30 °C Temperaturlinie im Jahresablauf: Die Wintermitteltemperaturen bilden einen tiefen Trog, die Sommertemperaturen einen schmalen Gipfel.
Der Niederschlagsverlauf ist an den Küsten und im Inneren ebenfalls verschieden. Die Jahresmittel der Niederschläge im Innern sind unbedeutend (75–100 mm Wasser im Gebiet zwischen Südpol und Wostok), wo sie als Eisnadeln ausfallen, da sich Schneeflocken wegen der Kälte nicht bilden können.

An den Küsten steigen sie auf 200–300 mm.
Zwei Erscheinungen sind Besonderheiten des antarkt. Klimas: Die kalten Fallwinde und der „Whiteout". Die Fallwinde entstehen dadurch, dass kalte Luftmassen des Innern ins Gleiten kommen und auf der gegen die Küsten geneigten Inlandeisdecke gegen das Meer zu in Bewegung geraten. Über den Meeren herrschen Tiefdruckgebiete vor, die die Gleitgeschwindigkeit noch verstärken, sodass schwere Stürme entstehen. Das sturmreichste Gebiet der ganzen Erde ist die Adélieküste (Station Kap Denison), wo im Jahresmittel eine Windgeschwindigkeit von 19,4 m/s herrscht, im Julimittel sogar 23,6 m/s. Die extremsten Werte erreichten 43 m/s, was 155 km/h entspricht. Die mittlere Zahl der Sturmtage bei Windstärken von mehr als 15 m/s im Jahr betrug 340.
Der „Whiteout" entsteht, wenn eine Stratuswolkendecke den Himmel überzieht, durch die die Sonnenstrahlen zwar hindurchgelassen werden, dann aber von der Schneedecke reflektiert und an der Wolkenunterfläche gestreut werden. Es entstehen auf diese Weise keine Schatten, Entfernungen sind leicht abzuschätzen, Erde und Himmel bilden eine weiße Kugel um den Beobachter. Alle Geländeunebenheiten werden unsichtbar und Flugzeuglandungen unmöglich. [...]
Die Oberfläche des Inlandeises ist nicht tischeben, sondern wird von Schneewehen (Sastrugi) und Schneerippeln bedeckt, die bis 2 m hoch werden können und das Befahren mit Rau-

penfahrzeugen schwierig machen. In der Nähe von Felsdurchragungen und am Ausgangspunkt von Eisströmen bilden sich Spaltengebiete aus. Die einzelnen Spalten sind selten mehr als 30 m tief. Die Plastizität des Eises versucht sie zu schließen.
Neben dem Inlandeis und seinen Nebenformen, Insel- und Kuppeleis auf isolierten Flächen oder Inseln, gibt es in der A. die auf dem Meerwasser schwimmenden *Schelfeistafeln*, die durch Abflussgletscher und Schneeauflagerung entstehen. Ihre Oberfläche senkt sich leicht ab, von 110 m auf 40 m an der Eisfront, die senkrecht zum Meer hin abbricht. Sie sind entweder an Küsten, Inseln oder an Untiefen verankert, oder sie füllen Meeresbuchten aus. Sie haben eine unterschiedl. Mächtigkeit von 700 bis 300 m, die mittlere Eisdicke beträgt etwa 380 m. [...]

Gegen das Meer zu enden die Eistafeln in einer senkrechten Eismauer von 2 bis 40 m Höhe. Das Eis in ihnen bewegt sich dem Meere zu. Im Ross-Schelfeis ist die Geschwindigkeit im langjährigen Mittel 450, im Ameryschelfeis beträgt die Frontalgeschwindigkeit 1500 m im Jahr. Die Lage der Eismauern bleibt etwa konstant, da von den Tafeln riesige Flächen als Tafeleisberge abbrechen und nach N verfrachtet werden. Neben diesen beiden großen Eisbildungen, Inlandeis und Schelfeis, gibt es noch verschiedene lokale Gletscher, teils Tal-, Kar- oder Durchflussgletscher, teils Eisströme im Inlandeis, die mit ihren Zungen weit ins Meer hinausreichen.
Neben den Tafeleisbergen ist der antarkt. Kontinent von einem Gürtel von *Treibeis* umgeben, der je nach der Jahreszeit wechselnde Breite hat. [...]

Meyers Enzyklopädisches Lexikon, Bd. 2. Mannheim 1971.

2. Daten zur Antarktis-Forschung

1772–1775   James Cook stößt auf seiner zweiten Weltumseglung erstmals über den südlichen Polarkreis vor
1819–1821   Erste russische Südpolarexpedition unter F. von Bellingshausen erforscht das südpolare Meer um den Polarkreis und sichtet dabei erstmals das antarktische Festland
1839–1842   James Clark Ross durchbricht als Erster das antarktische Packeis und entdeckt Victoria-Land, das nach ihm benannte Ross-Schelfeis (ein Teil der kontinentalen Eisdecke) und den Vulkan Erebus. 1842 erreicht er 78° 9' südlicher Breite

24. 1. 1895	Der Norweger Carstens Borchgrevink betritt als erster Mensch bei Kap Adare das antarktische Festland
1901	Das Jahr 1901 wird auf einem internationalen geografischen Kongress zum „Antarktischen Jahr" erklärt
1901–1905	Nach internationaler Übereinkunft forschen fünf Expeditionen in dem Randgebiet der Antarktis: Die deutsche „Gauß"-Expedition unter dem Berliner Geografie-Professor Erich von Drygalski; die englische „Discovery"-Expedition unter R. F. Scott (Scott steigt mit einem Ballon auf: erster Blick auf das Innere des antarktischen Kontinents); die schwedische unter O. Nordenskjöld, die schottische unter W. Bruce und die französische Expedition unter J. Charcot
1907	E. H. Shackletons Expedition scheitert: Die „Endurance" wird vom Packeis erdrückt
1908–1909	E. H. Shackleton erreicht nach Überwindung des Beardmoregletschers 88° 23' südlichster Breite (9. Jan. 1909) und rückt damit bis auf 160 km an den Südpol heran. Eine Gruppe seiner Expedition erreicht den südlichen Magnetpol
1909	Roald Amundsen bricht mit Fridtjof Nansens berühmter „Fram" zum Nordpol auf. Als er erfährt, dass Robert E. Peary den Nordpol erreicht hat, wendet sich Amundsen dem Südpol zu
August 1910	Aufbruch der Scott-Expedition
19. 10. 1911	Amundsen setzt, nach einem ersten missglückten Versuch, zur Eroberung des Südpols an
1. 11. 1911	Scott bricht von seiner Ausgangsbasis zum Südpol auf
14. 12. 1911	Amundsen erreicht mit Hanssen, Wisting, Hassel, Bjaaland als Erster den Südpol
18. 1. 1912	Scott erreicht mit Bowers, Evans, Oates und Dr. Wilson den Südpol; auf dem Rückmarsch kommen sie ums Leben
11. 11. 1912	Eine Suchmannschaft unter Atkinson findet das Zelt Scotts mit den Leichen
1928–1929	Erste Antarktisflüge des Australiers Hubert Wilkins
28. 11. 1929	Richard E. Bryrd überquert nach einigen misslungenen Versuchen als Erster mit dem Flugzeug den Südpol
seit 1955	Verschiedene Expeditionen der Sowjetunion, der

	USA, Frankreichs, Großbritanniens, Australiens und Norwegens: Errichtung von Spezialstationen für die Forschung im Rahmen des Internationalen Geophysikalischen Jahres (1957/59). Sie leisten eine umfassende Erforschung der Antarktis
1956–1957	Die USA richten mit Hilfe von Flugzeugen die Amundsen-Scott-Station am Südpol ein
1957	Sowjetische Raupenschlepper-Expedition erreicht den magnetischen Südpol und errichtet dort die Station Wostok. Ihr folgen weitere derartige Expeditionen
1957–1958	Fuchs-Hillary-Expedition: Polarüberquerung mit „Snocats" (Spezialraupenschlepper)

3. Biografische Daten zu Robert Falcon Scott

1868	(6. Juni) Robert Falcon Scott in Devonport geboren
1883	Scott beendet seine Kadettenausbildung auf dem Schulschiff ‚Britannia'
1883–1887	Dienst als Fähnrich und Leutnant zur See; seit August 1887 aktiver Seeoffizier
1891	Scott zum Kapitänleutnant befördert. Dienst auf einem Torpedoboot
1897	Scotts Vater und Bruder gestorben
1900	(9. Juni) Scott zum Leiter der geplanten Antarktisexpedition ernannt; zum Fregattenkapitän befördert (30. Juni)
1901	(6. Aug.) Die ‚Discovery' verlässt Cowes
1902	(9. Jan.) Die Expedition landet am Kap Adare (März–Okt.) Die Expedition im Winterquartier (2. Nov.) Aufbruch zum Südpol (31. Dez.) Scott, Wilson und Shackleton erreichen den „südlichsten Punkt"
1903	(3. Febr.) Rückkehr zur ‚Discovery' Zum zweiten Mal im Winterquartier
1904	(16. Febr.) ‚Discovery' tritt Heimreise an, nachdem sie aus dem Eis freigekommen ist (10. Sept.) Die ‚Discovery' trifft in Portsmouth ein; Scott zum Kapitän zur See befördert. Nach der Rückkehr wird Scott in England stürmisch gefeiert. Große Versammlung der Königlichen Geografischen Gesellschaft in der Albert Hall, auf der Scott einen Orden erhält

1905	(Herbst) Scotts ‚The Voyage of the Discovery' veröffentlicht
1908	(2. Sept.) Scott heiratet die Bildhauerin Kathleen Bruce, eine Schülerin von Rodin
1909	(14. Sept.) Geburt des Sohnes Peter
	(Dez.) Vorbereitung einer zweiten Antarktisexpedition
1910	(15. Juni) Die ‚Terra Nova' verlässt Cardiff
1911	(5. Jan.) Landung bei Kap Evans
	(24. Jan.) Scotts Gruppe bricht auf, um Vorratslager anzulegen
	(22. Febr.) Die Mannschaft erreicht das Sicherheitslager und erfährt von Amundsens Ankunft in der Walfisch-Bay
	(April/Okt.) Die Expedition im Winterquartier
	(27. Juni/2. Aug.) Wilson, Bowers und Cherry-Garrard unternehmen einen Vorstoß zum Kap Crozier, um Kaiserpinguine zu beobachten
	(1. Nov.) Aufbruch nach Süden
	(14. Dez.) Amundsen und die norwegische Mannschaft erreichen den Südpol
1912	(17. Jan.) Die Polmannschaft – Scott, Wilson, Oates, Bowers und Maat Evans – erreicht den Pol
	(17. Febr.) Maat Evans bricht zusammen und stirbt
	(15. März) Oates verlässt das Zelt und geht in den Tod
	(21. März) Ein neuntägiger Schneesturm setzt ein, der Scott, Wilson und Bowers in ihrem Zelt, 20 Kilometer vom Ein-Tonnen-Depot, festhält
	(29. März) Scott macht seine letzte Eintragung im Tagebuch
	(12. Nov.) Das Zelt mit den Leichen der drei Männer wird von einer Suchmannschaft entdeckt

4. Biografische Daten zu Roald Amundsen

1872	Geboren in Borge (Østfold /Norwegen)
	Medizinstudium an der Universität von Christiania (Oslo)
1889	Amundsen gibt das Medizinstudium auf und wendet sich der Polarforschung zu
1893	Teilnahme an den Fahrten des Walfängers ‚Magdalena' als Matrose

1897–1899	Amundsen begleitet den Antarktisforscher de Gerlache auf dessen Südpolfahrt. Erste antarktische Überwinterung Amundsens
1901	Studium in Wilhelmshaven, Potsdam und Hamburg; Prof. Neumeyer macht ihn mit dem Erdmagnetismus vertraut
	Kauf des 47-Tonnen-Walfängers ‚Gjöa‘, unterstützt von Mäzenen
1903	Nordische Entdeckungsfahrt auf dem umgebauten Walfänger ‚Gjöa‘ mit nur sechs Mann Begleitung; befährt in nur drei Monaten erstmals die gesamte Nordwestpassage vom Atlantik bis zum Pazifik; dabei stellt er die Lage des magnetischen Nordpols fest
1910	Plan, mit Nansens ‚Fram‘ bis in die Bering-Straße zu fahren, um von dort aus den Nordpol zu erreichen. Ändert seinen Plan, als er erfährt, dass Peary den Nordpol erobert hat und dass Scott auf dem Wege zum Südpol ist
1911	(20. Okt.) Aufbruch zum Südpol von der Ausgangsbasis an der Walfisch-Bucht
	(7. Dez.) Amundsen erreicht Shackletons südlichsten Punkt: 88° 23'
	(15. Dez.) Amundsen erreicht mit seinen Gefährten Hanssen, Wisting, Hassel, Bjaaland den Südpol
	(17. Dez.) Rückmarsch vom Südpol
1925	Plan, den Nordpol mit einem Flugzeug zu überqueren
1925	(21. Mai) Start mit dem Flugzeug von Kings Bay (Spitzbergen) aus; rund 250 Kilometer vor dem Ziel Notlandung und Aufgabe seines Vorhabens
	(15. Juni) Rückflug nach Spitzbergen
1926	Amundsen, der Italiener Nobile und der Amerikaner Ellsworth überqueren zuammen mit 13 Besatzungsmitgliedern den Nordpol mit dem Flugzeug, nachdem ihnen der amerikanische Polarforscher Byrd um 48 Stunden zuvorgekommen war
1928	(23. Mai) Amundsen verunglückt tödlich bei einem Versuch, Nobile und seine Mannschaft, die einen zweiten Überquerungsversuch machten, zu retten; in der Antarktis verschollen
	(18. Juni) Suchflugzeuge finden Überreste von Amundsens Maschine in der Barents-See

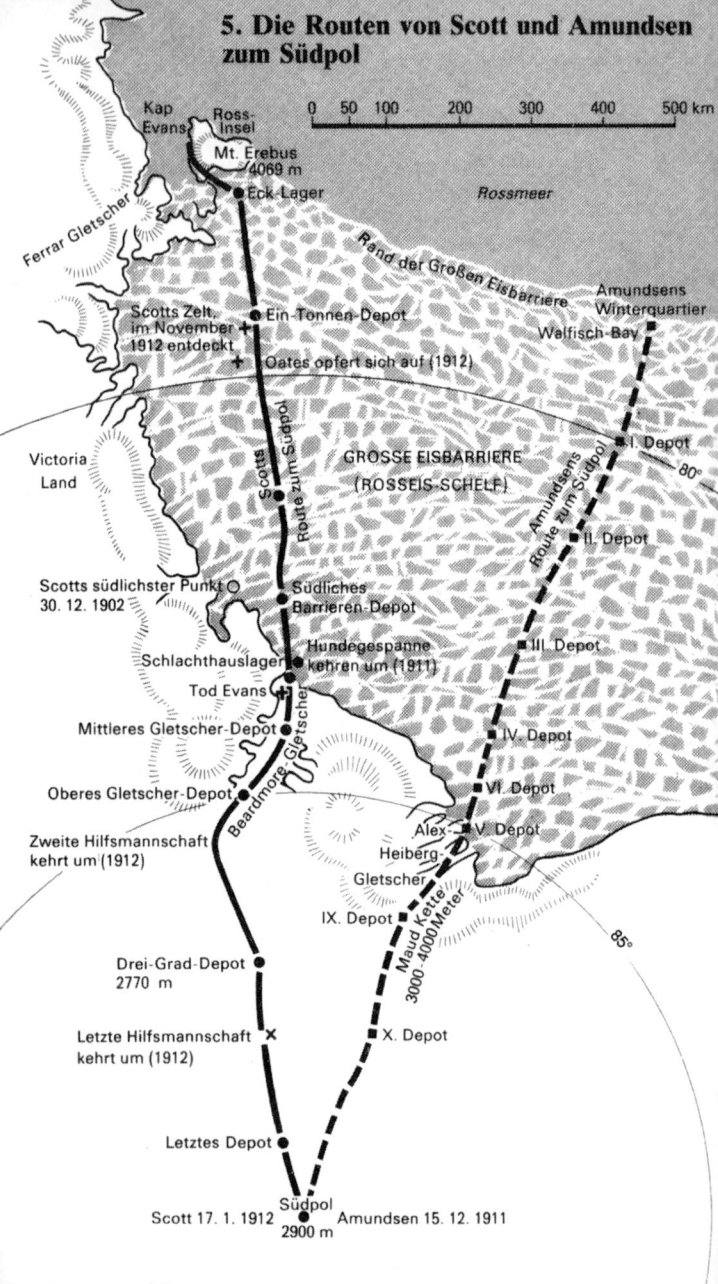

V. Lektüre-Empfehlungen

Wer sich noch weiter über die Antarktisforschung und über die Antarktis im Allgemeinen informieren möchte, sei auf die folgenden Werke verwiesen, die auch von den meisten städtischen Bibliotheken geführt werden:

Amundsen, Roald: Mein Leben als Entdecker
Die Autobiografie einer der bedeutendsten Forscherpersönlichkeiten. Einen Ausschnitt aus diesem Buch bringt unser Leseheft auf Seite 9 ff.

Amundsen/Scott/Hillary: Dreimal Südpol. Wir waren die Ersten / Vier Wochen zu spät / 2000 Kilometer durch Eis und Schnee. Würzburg 1976, Arena-Verlag
Ein Jugendbuch, in welchem drei der bedeutendsten Antarktisforscher mit Ausschnitten aus ihren Büchern zu Wort kommen

Andrist, Ralf K.: Das große Buch der Polarforscher. Bearbeitet und herausgegeben von Heinrich Pleticha. Reutlingen 1963, Ensslin & Laiblin
Eine Übersicht über die Polarforschung mit umfangreichem Bildmaterial

Bowmann, Gerald: Von Scott zu Fuchs. Fünfzig Jahre Kampf um den Südpol. Wiesbaden 1958, Brockhaus-Verlag
Bowmann berichtet in anschaulicher Weise über die großen Südpolexpeditionen von Scott, Amundsen, Shackleton, Byrd, Fuchs und Hillary

Brent, Peter: Captain Scott. Die Tragödie in der Antarktis. Wiesbaden 1977, Brockhaus-Verlag, auch als Heyne-Taschenbuch Nr. 7138
Eine Biografie Scotts mit viel Bildmaterial, die ausführlich über die beiden Südpolexpeditionen Scotts berichtet. Einen Ausschnitt aus diesem Buch bietet unser Leseheft auf Seite 8 f.

Byrd, Richard E.: Allein! Auf einsamer Wacht im Südeis. Wiesbaden 1947, Brockhaus-Verlag
Byrd überwintert als Erster allein in der Antarktis. In seinem spannend geschriebenen Buch berichtet er von seinen Abenteuern und von seinen Erfahrungen mit dem Alleinsein in der antarktischen Eiswüste

Die großen Polarexpeditionen. Eine illustrierte Geschichte abenteuerlicher Entdeckungen. Wiesbaden 1978, Ebeling Verlag

Eine vorzügliche Darstellung der Polarforschung mit sehr umfangreichen und äußerst ansprechendem Bildmaterial. Insbesondere für Jugendliche geeignet

Fuchs, Vivian/Hillary, Edmund: Quer über den Südpol. Die Bezwingung des 6. Kontinents. Berlin 1958, Ullstein-Verlag
Ein interessanter und spannender Bericht von der ersten Südpolüberquerung. Fuchs startet vom Weddell-Meer, Hillary vom Ross-Meer

Holt, Kåre: Scott/Amundsen. Wettlauf zum Pol. Bastei-Lübbe-Taschenbuch Nr. 65014, Wien/Hamburg 1976
Ein sehr spannender Roman, in welchem das Vorgehen Amundsens und Scotts genau parallel beschrieben wird. Unser Leseheft bringt aus diesem Buch Ausschnitte auf Seite 12 ff. und Seite 23 ff.

Ley, Willy: Die Pole. TIME-LIFE-Bücher, rororo sachbuch Nr. 42
Eine umfassende Darstellung der Polarforschung sowie der Tier- und Pflanzenwelt der Polargebiete mit gutem Bildmaterial

Petter, Guido: Die Eroberung der Antarktis. Arena Taschenbuch in der Reihe Leben heute, Würzburg 1979
Eine kurz gefasste, speziell auf Jugendliche zugeschnittene Übersicht über die Antarktis und die Antarktisforschung mit Ausschnitten aus Werken bedeutender Forscher, die auf spannende Weise Höhepunkte der Antarktisforschung darstellen

Schulthess, Emil: Antarctica. Zürich 1960, Artemis-Verlag
Ein repräsentativer Bildband über die Antarktis, wie sie sich aus heutiger Sicht darstellt

Darüber hinaus sei auf einen **Spielfilm** hingewiesen, der auf dokumentarische Weise Scotts Südpolexpedition darstellt:

Scotts letzte Fahrt. Ein Farbfilm mit John Mills, Harold Warrender, Derek Bond, Reginald Beckwith, James Robertson Justice, Diana Churchill. Regie: Charles Fend. 107 Minuten, Meteor-Schmalfilm GmbH.